EL LIBRO DE LAS
ABEJAS

María Sánchez Vadillo

EL LIBRO DE LAS
ABEJAS

María Sánchez Vadillo

Este trabajo se lo dedico a mis padres, Ramón y Flor, por su esfuerzo, motivación y paciencia.
Gracias por recordarme en cada momento de lo que soy capaz.

AGRADECIMIENTOS

Quiero dar las gracias a Clara y Nacho, del Aula Apícola Sierra de Hoyo, por todo lo que me han
enseñado sobre las abejas. También a José Ignacio Pascual por compartir sus conocimientos sobre las
especies solitarias, de las que existe tan poca información, a Santi Pérez, por su apoyo,
y a Ángela Morales y María Mañeru, porque es un lujo trabajar con vosotras.

© 2021, Editorial Libsa
C/ San Rafael, 4 bis, local 18
28108 Alcobendas (Madrid)
Tel.: (34) 91 657 25 80
e-mail: libsa@libsa.es
www.libsa.es

ISBN: 978-84-662-4002-4
Colaboración en textos: María Sánchez Vadillo
Edición: equipo editorial Libsa
Diseño de cubierta: equipo de diseño Libsa
Maquetación: Peñalver Madrid, Diseño y Maquetación
Fotografías e ilustraciones: Shutterstock Images,
Gettyimages y archivo Libsa.

CONTENIDO

«Id a vuestros campos y a vuestros jardines y aprenderéis que el placer de la abeja es reunir miel de las flores. Pero es también el placer de la flor el ceder su miel a la abeja. Porque, para cada abeja, una flor es fuente de vida. Y, para la flor, una abeja es mensajero de amor. Y, para ambos, abejas y flor, el dar y el recibir placer son una necesidad y un éxtasis».

KHALIL GIBRAN

PRESENTACIÓN

Desde el convencimiento de que para cuidar algo hay que amarlo, y para eso es necesario antes conocerlo, a través de estas páginas se pretende que el lector pueda sumergirse en el maravilloso mundo de las abejas, esos insectos tan populares pero de los que en realidad se sabe bastante poco. Al escuchar la palabra «abeja» seguramente la asociemos inmediatamente con miel y aguijón; sin embargo, existen más de 20 000 especies de abejas diferentes, la mayoría de ellas no produce el dulce alimento y algunas carecen de aguijón. Eso sí, todas comparten su «amor por las flores» y tienen una misión fundamental: posibilitar la reproducción de la mayoría de plantas y cultivos.

El libro trata de dar una visión global de las abejas, comenzando por su origen común, las características que hacen de ellas los mejores polinizadores del mundo, y su relación con el ser humano a través de la apicultura; además, presentaremos a esas otras especies silvestres que, incluso a nivel científico, son prácticamente desconocidas. Profundizaremos, en fin, en la sorprendente vida de las abejas melíferas (*Apis mellifera*), cuya organización social ha llamado la atención del ser humano desde que comenzó a observarlas, dando algunas pinceladas sobre las muchas curiosidades de estos animales, como su inteligencia o comunicación.

Solo hemos sido capaces de apreciar la función polinizadora de las abejas cuando nos hemos dado

Abeja melífera, europea, o doméstica (*Apis mellifera*) posada en una flor.

POLINIZACIÓN

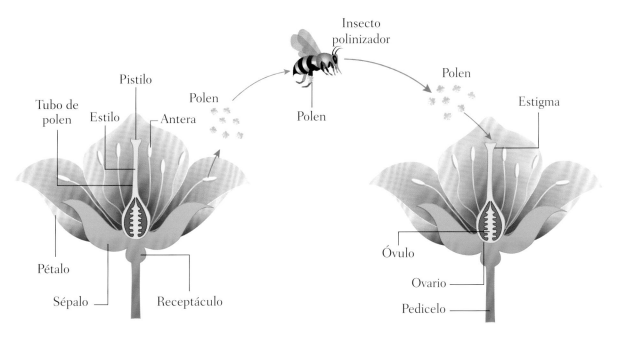

Explicación esquemática de cómo las abejas son agentes decisivos en la polinización, ya que transfieren el polen con sus patas y cuerpo desde los estambres de una flor hasta el estigma de otra.

cuenta de que sus poblaciones caían repentinamente en picado y se ponían en peligro sus servicios indispensables que, además, son gratuitos. La falta de abejas no solo compromete nuestra alimentación, sino también toda la biodiversidad; realmente, se desconoce el alcance global que podría tener su desaparición. Con ellas, además de nuestros alimentos, se irían las plantas con flor y todo lo que ello supone.

De todo esto se está hablando mucho en los últimos años, por lo que en esta obra ahondamos en el proceso de polinización, el papel fundamental que desempeñan las abejas en el mismo y la especial «historia de amor» existente entre flores y abejas desde hace miles de años. No podemos pasar por alto los múltiples peligros que acosan a estos insectos, tanto los naturales como los producidos por la mano del hombre, y aportamos soluciones, a nivel global pero también individual, con sencillos consejos para que cada uno pueda contribuir, en la medida de sus posibilidades, a que las abejas sigan poniendo color en el mundo y nos beneficiemos de su presencia.

Es muy loable intentar proteger a grandes especies en peligro de extinción, como el orangután o el leopardo de las nieves, pero no podemos olvidarnos de otras, mucho menos llamativas, cuya función es indispensable para mantener el equilibrio en la naturaleza.

Cuando una especie vegetal se encuentra en el mejor momento de floración, la *Apis mellifera* se dedica a recolectar el polen sin descanso.

INTRODUCCIÓN

Actualmente, nadie pone en duda la importancia de las abejas. Son conocidas las bondades terapéuticas de los productos de la especie melífera (*Apis mellifera*) y se dice que todo lo que pasa por el estómago de estos insectos tiene propiedades medicinales. Se sabe que el aprovechamiento de la miel por parte del hombre se remonta, al menos, a unos 7 000 años antes de Cristo, gracias a una pintura rupestre en las cuevas de la Araña de Bicorp (Valencia), que da fe de la larguísima relación entre abejas y humanos. La representación ha recibido el nombre de *La recolectora de miel* porque muestra lo que parece ser una mujer joven que trepa por unas cuerdas sobre un árbol o acantilado, con varias abejas revoloteando a su alrededor; en una mano sostiene un recipiente para recoger miel, mientras que la otra la introduce en la colmena, que el autor pintó sobre una oquedad de la roca.

Hoy en día también tenemos información de sobra sobre el rol fundamental que las abejas (no solo las melíferas, sino también los abejorros y las solitarias), desempeñan en la polinización de una tercera parte de nuestros cultivos, aumentando la producción y mejorando la textura y el sabor de los frutos. Pero nuestras mejores aliadas se enfrentan a una crisis sin precedentes: se calcula que entre un 20 % y un 35 % de las abejas están desapareciendo cada año en Europa, mientras que en Estados Unidos la cifra asciende al 50 %. Sin ellas tendríamos que despedirnos de saborear almendras, manzanas, calabazas o melones, por poner algunos ejemplos.

Estos insectos no solo facilitan gratuitamente la reproducción de frutas y hortalizas, sino también del 90 % de las plantas silvestres. Por lo tanto, su desaparición traería consigo la de la actual variedad de flores que conocemos (y la fauna asociada a ellas), seguida por una gran disminución de la cubierta vegetal del suelo, con la consiguiente erosión, que agravaría a su vez el problema de la desertización. Sin abejas no hay biodiversidad.

A raíz de la crisis de la COVID-19, diversos científicos han reconocido la importancia de la preservación de los ecosistemas como barrera contra nuevas pandemias. Virus y bacterias conviven con nosotros desde siempre. En hábitats bien conservados y en equilibrio, estos patógenos se distribuyen entre las distintas especies y no afectan al ser humano. Pero cuando la naturaleza se altera o destruye, se debilitan los ecosistemas naturales y se facilita la propagación de enfermedades, aumentando el riesgo de contacto y transmisión al hombre. Nuestro bienestar depende directamente de la salud del planeta. Invertir en la naturaleza y en las abejas es la mejor vacuna que tenemos.

COMPOSICIÓN DE UNA COLONIA DE ABEJAS

ABEJA OBRERA
Peso: 100 mg
Altura: 12-14 mm

ABEJA MACHO
Peso: 250 mg
Altura: 15-17 mm

ABEJA REINA
Peso: 180-300 mg
Altura: 20-25 mm

Una colonia de abejas se compone de tres castas: las obreras, los machos o zánganos y la reina. Esta última es la única hembra que puede ser fecundada. Los huevos pueden ser huevos fecundados, que darán lugar a las obreras, o huevos sin fecundar, de los que, por partenogénesis, nacerán zánganos. Los machos no recolectan el polen, como las obreras; su única función es fecundar a la reina y después, morir.

Las abejas son animales sociales que viven en una colonia en la que cada individuo tiene una misión que cumplir para obtener el bien común.

IMPORTANCIA Y CONCIENCIACIÓN

El académico canadiense, científico y activista del medio ambiente David Suzuki, dijo: «Noticias diarias documentan la más mínima subida y caída de la bolsa o la subasta de la deuda. Sin embargo, ignoramos la situación de los servicios que presta la naturaleza, como la absorción de dióxido de carbono y liberación de oxígeno, la protección contra la erosión, la polinización de frutos y semillas. La polinización mantiene los ecosistemas terrestres vivos, y sin ella los sistemas económicos se derrumbarían. Un mundo sin abejas sería un mundo sin gente».

En diciembre de 2017, la Asamblea General de las Naciones Unidas declaró el 20 de mayo como el Día Mundial de la Abeja, con el objetivo de llamar la atención y crear conciencia del papel que desempeña este animal tanto en la conservación de la biodiversidad como en nuestra propia alimentación. Se eligió esa fecha concreta porque es el día que nació Anton Janša, pionero de la apicultura moderna, de la que fue profesor en la corte de los Habsburgo en Viena.

¿QUÉ LES ESTÁ PASANDO A LAS ABEJAS?

El declive de estos importantes insectos a nivel mundial es un hecho patente y que se lleva observando desde mediados de la década de 1980. Desgraciadamente, es un fenómeno que va a más, de manera que no es raro que los apicultores de cualquier parte del mundo encuentren muertos a prácticamente todos los miembros de una colmena (entre 30 000 y 80 000 individuos) de un día para otro. Se desconocen las causas exactas de esta drástica disminución a nivel global. Lo que se cree es que existe, más que una sola causa, un conjunto de factores que se lo está poniendo muy difícil a las abejas. Estos podrían ser algunos de los nuevos problemas a los que se enfrentan:

- Pérdida de su hábitat natural.
- Falta de biodiversidad debido al abuso de los monocultivos.
- Uso de pesticidas y otros productos químicos dañinos para los insectos.
- Contaminación del agua.
- Parásitos y hongos.
- Competición con especies invasoras (como la avispa asiática *Vespa velutina*).
- Estragos del cambio climático.

¿Qué es una ABEJA?

CLASIFICACIÓN Y ORIGEN

Todos sabemos, o creemos saber, lo que es una abeja…Van volando de flor en flor, producen rica miel y pueden picarnos. Seguramente la palabra «abeja» evoque en el lector la abeja de la miel… Pero en el mundo existen más de 20 000 especies de abejas distintas, aunque muchas no están descritas y el número real es probablemente más alto. Se encuentran en todos los continentes, excepto la Antártida, y prácticamente en cualquier hábitat en el que haya flores para polinizar.

Con tal diversidad no es raro que existan diferencias entre ellas. En cuanto a su comportamiento, algunas son sociales y muchas solitarias, unas construyen sus nidos en el suelo y otras en agujeros o madera, y la mayoría no elabora miel. Respecto a su morfología, aunque todas mantienen una estructura básica, las hay que carecen de aguijón, o que tienen una probóscide (órgano bucal alargado, a modo de trompa, con el que succionan el néctar) diminuta o enorme, o que poseen distintos mecanismos para almacenar el polen. La abeja más pequeña del mundo es la *Trigona minima*, de costumbres sociales y sin aguijón, que mide 2,1 milímetros. La más grande es la *Megachile Pluto* o abeja de Wallace, una especie de 39 milímetros de longitud y 64 de envergadura, con enormes mandíbulas, y que se consideró extinta durante 38 años hasta que fue redescubierta a principios de 2019 en Indonesia.

CLASIFICACIÓN TAXONÓMICA

En lo que se refiere a su clasificación científica, las abejas son artrópodos, es decir, invertebrados con un exoesqueleto articulado formado por quitina. Dichos artrópodos son los animales que han tenido un mayor éxito evolutivo, ya que el 80 % de todas las especies que se conocen en el mundo pertenecen a este filo. Dentro de él, las abejas forman parte de la clase Insecta, la más diversa y que se caracteriza por tener tres pares de patas y el cuerpo dividido en cabeza, tórax y abdomen. Es un grupo muy antiguo, ya que a él pertenecen los primeros animales que colonizaron las tierras emergidas; sus fósiles datan del Devónico, hace 400 millones de años.

Son insectos del orden Hymenoptera, palabra procedente del griego: *hymen* significa «membrana» y *pteron*, «insecto con alas», por lo que podría traducirse como «insecto de alas membranosas». En este orden se incluyen también las hormigas (cuyas alas aparecen en los machos y hembras fértiles en el momento de la reproducción) y las avispas. A su vez, las abejas pertenecen, dentro de la superfamilia Apoidea, a la rama Anthophila, que significa «las que aman las flores», nombre que le viene como anillo al dedo. Por lo tanto, una diferencia básica entre las abejas y las hormigas o avispas es la alimentación vegetariana de las primeras.

ORIGEN

Sin embargo, no siempre fueron amantes de las flores. Se cree que su antecesor común es una avispa solitaria y depredadora, de la familia Crabronidae, que vivió hace unos 100 millones de años, compartiendo el planeta con los dinosaurios. En aquel momento, coincidiendo con la aparición de las plantas con flor, se especula con que las avispas podrían haber comenzado ingiriendo casi accidentalmente el polen que recubría a sus presas y gradualmente empezaron a alimentar a sus larvas con él en vez de hacerlo con insectos. Lenta y paulatinamente fueron abandonando sus hábitos cazadores para explotar las nuevas fuentes de alimento que, además, suponían menos coste energético que tener que buscar y atrapar presas vivas.

La nueva dieta seguramente también contribuyó a la diversificación y proliferación de dichas plantas floridas. Poco a poco, las abejas fueron perfeccionando su capacidad de ingerir néctar y juntar polen, modificando incluso sus estructuras corporales. Así, evolucionando a la vez que las flores de las que se alimentaban en un perfecto mutualismo, al facilitar la reproducción y diversidad genética de las mismas, se convirtieron en los polinizadores más eficientes, consiguiendo que este tipo de vegetación haya llegado a ser la predominante en el planeta, lo que ha favorecido también un gran incremento en la biodiversidad.

LA ABEJA MÁS «VIEJA» DEL MUNDO

Atrapada en ámbar junto a unos granos de polen, fue descubierta en 2006 en una mina al norte de Birmania. Pertenece al Cretácico Superior, hace más de 100 millones de años. Es minúscula, ya que no llega a los 3 milímetros de largo, y fue bautizada como *Melittosphex burmensis*. Este fue un descubrimiento importante, ya que el insecto fosilizado, por sus características morfológicas, es claramente una abeja (incluso posee vellos bifurcados, destinados a la recolección de polen); sin embargo, su aspecto es más similar al de una avispa y conserva en sus patas rasgos ancestrales de las mismas, lo que indica un estado de transición. Gracias a este hallazgo se ha podido conocer en qué momento estos dos insectos comenzaron a evolucionar por

caminos diferentes. El anterior récord de antigüedad lo ostentaba *Cretotrigona prisca,* hallada en Nueva Jersey, también en ámbar, con entre 74 y 96 millones de años. Era tremendamente parecida a una abeja moderna del género Trigona.

ABEJAS Y ORQUÍDEAS

Las abejas y las bellas orquídeas tienen una especial y dulce relación... desde hace 20 millones de años, como lo demuestra un fósil en ámbar (debido a su exoesqueleto, no es fácil que los insectos fosilicen de otra manera) de una abeja que transportaba polen de orquídea. El ejemplar procede de República Dominicana, y sitúa el origen de estas flores mucho antes de lo que pensaba, ya que pudieron coexistir con los dinosaurios. Además, prueba que en esa época ya se producía la polinización por insectos.

La polinización de las orquídeas, que representan el 8 % de todas las especies de plantas con flor, es especial debido a la complejidad de sus flores. A través de millones de años de evolución, ha llegado a ser tan específica que algunas especies de orquídeas solo pueden ser polinizadas por una sola especie de insecto.

La abeja fosilizada es una *Proplebeia dominicana* ya extinta, que porta polinios (masa compacta de polen) de orquídea en su espalda. Probablemente acababa de libar el néctar de una de estas flores que, a cambio, impregnó a la abeja con su polen, cuando la resina de un árbol la atrapó para siempre, lo que ha hecho posible que haya llegado hasta nuestros días en buen estado de conservación.

CLASIFICACIÓN CIENTÍFICA

Reino:	Animalia
Filo:	Arthropoda
Clase:	Insecta
Orden:	Hymenoptera
Suborden:	Apocrita
Superfamilia:	Apoidea

ANATOMÍA

Además de la estructura externa de la abeja, que podemos contemplar en estas páginas y que aparece detallada en la ilustración de abajo, empezaremos por la morfología interna de este insecto, ya que las descendientes de aquella avispa depredadora fueron especializándose cada vez más en su nueva dieta vegetariana y, como hemos visto, desarrollaron estructuras específicas para recoger, almacenar y transportar el polen.

MORFOLOGÍA INTERNA

Las abejas han desarrollado un sistema digestivo especial con el fin de acumular y acarrear el néctar hasta la colmena: el buche o saco de la miel. Es un ensanchamiento de una región del tubo digestivo, una especie de bolsa con paredes muy flexibles que sirve de depósito del líquido absorbido. Está separado del verdadero estómago por un proventrículo, una especie de válvula que controla la cantidad de alimento que pasa al estómago, de manera que solo se transfiere la necesaria para que la abeja tenga energía. El resto del néctar que permanece almacenado en el buche se va mezclando con secreciones de las glándulas hipofaríngeas, algo indispensable para que se convierta en miel.

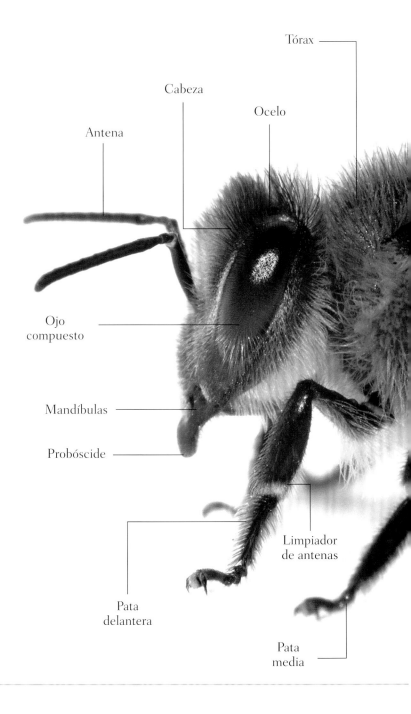

Tórax

Cabeza

Ocelo

Antena

Ojo compuesto

Mandíbulas

Probóscide

Limpiador de antenas

Pata delantera

Pata media

SENTIDO DEL GUSTO

En algunas especies, la probóscide puede ser más larga que su propio cuerpo, como en las abejas de las orquídeas (género Euglossa), que lo necesitan para poder acceder al néctar de estas complejas flores; en otras (familias Andrenidae, Halictidae, Colletidae y Stenotritidae), apenas mide unos milímetros, por lo que requieren que el néctar esté muy accesible. La lengua de las abejas melíferas (obreras) tiene una longitud de 6 milímetros, y algo más en los abejorros. Abrazando su base se encuentran un par de palpos labiales que actúan como órganos del gusto. Parece que este sentido es menos sensible en las abejas que en otros insectos, ya que no distinguen una solución azucarada del agua pura, y tampoco detectan el sabor amargo. Esto se debe a que las abejas melíferas necesitan recolectar néctar con una concentración muy alta de azúcar para que pueda convertirse en miel y conservarse durante el invierno.

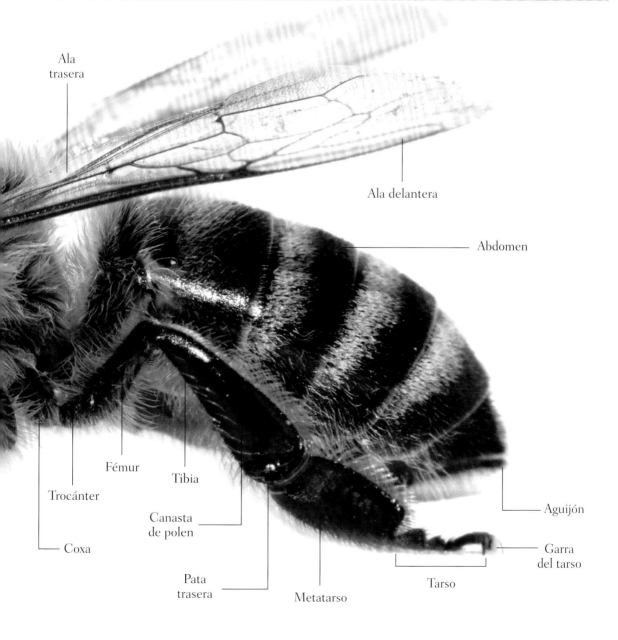

Ala trasera

Ala delantera

Abdomen

Trocánter

Fémur

Tibia

Coxa

Canasta de polen

Pata trasera

Metatarso

Tarso

Aguijón

Garra del tarso

MORFOLOGÍA EXTERNA

La abeja tiene la morfología básica de un insecto, es decir, un cuerpo dividido en cabeza, tórax y abdomen unidos entre sí y con movilidad, además de seis patas, cuatro alas y un par de antenas.

El esqueleto externo o exoesqueleto (que protege los órganos blandos, al revés de lo que ocurre en los vertebrados) está formado por una capa exterior dura y delgada (exocutícula), y otra interior (endocutícula), mucho más gruesa y compuesta por quitina, una sustancia que le proporciona resistencia y flexibilidad. Debido a su alta especialización alimenticia, a lo largo de la evolución las abejas han ido adaptándose incluso físicamente a la nueva situación, por lo que poseen mecanismos y estructuras peculiares para la recogida del néctar y el polen. Destaca su cuerpo recubierto de sedas o pelos sensitivos (en las melíferas aparecen incluso en los ojos); la mayoría de ellos son largos, ligeramente plumosos y pueden cargarse de electricidad estática con el roce del viento, por lo que los granos de polen se adhieren a ellos fácilmente. Además, esos pelos constituyen su sentido del tacto porque detectan vibraciones, que es su forma de percibir el sonido. En adelante, nos referiremos a las características de la abeja de la miel (Apis mellifera) que es, con mucho, la más estudiada, destacando peculiaridades de otras especies.

CABEZA

Esta parte del cuerpo alberga la mayor parte de los órganos relacionados con los sentidos, sobre todo la visión y el olfato, imprescindibles para buscar alimento y relacionarse. Si se mira de frente, la cabeza tiene forma triangular, con la boca en el ángulo inferior, dos enormes ojos en los laterales y un par de antenas en la parte central.

OJOS

Las abejas tienen una visión muy buena, algo imprescindible para la búsqueda de flores. Sus dos enormes ojos son compuestos y cada uno de ellos está formado por miles de unidades ópticas simples, que son unas estructuras hexagonales llamadas omatidios. Así, este insecto ve un objeto «pixelado», como si fuera un mosaico, porque percibe tantos puntos de luz como divisiones tiene el ojo.

Seguramente todos hemos comprobado alguna vez lo difícil que es cazar una mosca con la mano, y algo semejante ocurre con las abejas. El motivo es que los humanos somos capaces de percibir entre 20 y 30 (algunos afirman que hasta 60) imágenes por segundo, mientras que las moscas ven 250 y las abejas hasta 300; es decir, que comparadas con nosotros contemplan nuestros movimientos como a cámara lenta. Cada casta (obreras, zánganos y reinas) tiene un tipo de visión diferente, adaptado a sus necesidades. La reina, con 4290 omatidios, solo tendrá que usarlos un día, para realizar su vuelo nupcial y después regresar a la colmena; por el contrario, las obreras, que poseen 6300 omatidios, los utilizarán toda su vida para la recolección, escapar de los depredadores y volver a su casa. Los zánganos tienen los ojos mucho más grandes y abultados, con 13090 omatidios. Para ellos la vista es lo más importante, ya que su principal misión es localizar reinas vírgenes en vuelo nupcial y copular con ellas.

En cuanto a la percepción de los colores, estos insectos captan longitudes de onda menores que nosotros, por lo que no ven el rojo, que perciben como si fuera negro. Sí ven una gama de tonos en el extremo ultravioleta, zona del espectro electromagnético invisible para los humanos. Sorprendentemente, muchas flores lucen patrones ultravioletas para guiar a las abejas hasta el néctar.

Teniendo en cuenta que las abejas pasan la mayor parte de su vida en el interior de la colmena, también es imprescindible para ellas poder ver con claridad en entornos de poca luz. Para ello disponen de tres ocelos u ojos simples, situados formando un triángulo en la parte superior de la cabeza. Con ellos captan la intensidad, la longitud de onda y la duración de la acción de la luz; además, determinan el principio y el fin de su jornada laboral.

ANTENAS

Son importantísimas, pues en ellas residen los sentidos del olfato, el tacto y el «oído» (aunque, como ya se ha mencionado, no oyen como nosotros, sino que perciben las vibraciones procedentes de los sonidos a través de ciertas sedas sensibles, muy numerosas en las antenas). Las antenas están situadas en el centro de la cara. Se encuentran muy próximas entre sí y se articulan con la cabeza por medio de una membrana. Cada antena está formada por una parte rígida (escapo) y otra flexible (flagelo) que está dividida en segmentos (artejos), 12 en las hembras y 13 en los machos. Es como una pajita hueca recorrida interiormente por un nervio doble que procede del cerebro. Aunque también albergan pelos olfativos, su principal recepción de olores se produce a través de unas placas diminutas con forma de embudo. Se estima que hay unos 5000-6000 órganos placa en la antena de la obrera, 2000-3000 en la reina y posiblemente 30000 en el zángano. Se trata del sentido más importante para ellas, ya que les permite identificar una cantidad asombrosa de compuestos químicos volátiles con los que, entre otras cosas, pueden evaluar la calidad de una flor, saber si ha sido visitada antes por otra abeja o percibir señales de peligro de sus congéneres a través de las feromonas. Las feromonas son sustancias químicas que segregan los seres vivos con el fin de provocar comportamientos concretos en otros individuos, principalmente de la misma especie, pero también pueden ser interespecíficos (por ejemplo, algunos árboles con sus feromonas atraen a los pájaros para defenderse del ataque de los insectos). En definitiva, son un mecanismo de comunicación a través del aire, por lo que pueden alcanzar grandes distancias.

En cuanto al sentido del tacto, generalmente los insectos adultos tienen poca sensibilidad, debido a la dureza de su cubierta externa. Pero los pelos de las abejas están conectados en su base con nervios sensoriales, y a través de su movimiento detectan corrientes de aire o la cercanía de objetos. Estos pelillos, especialmente abundantes en las antenas, aparecen en diversas partes del cuerpo.

BOCA

Consta de un par de mandíbulas y una trompa o probóscide. Las mandíbulas, que han perdido su función masticadora típica, son utilizadas para amasar la cera y el propóleo, comer polen, o realizar cualquier trabajo de la colmena que requiera un par de instrumentos para agarrar, morder o moldear. Solo

El misterio del vuelo ...

Hasta hace no demasiado tiempo, el vuelo de las abejas (y los abejorros) había sido toda una incógnita para la ciencia. Los ingenieros aeronáuticos afirmaban que, según las leyes conocidas de la aerodinámica, dado el peso de sus cuerpos y el tamaño de sus alas, no deberían poder volar, ya que supuestamente carecen de la suficiente sustentación. Pero es evidente que vuelan, y bastante bien. Lo hacen en todas direcciones y según descubrió el etólogo Karl von Frisch (Premio Nobel de Fisiología y Medicina en 1973, y conocido por sus estudios sobre el comportamiento de las abejas) pueden llegar a alcanzar una velocidad máxima de 29 km por hora cuando van sin carga con viento en calma.

Hubo que esperar hasta principios del presente siglo para, gracias a la tecnología, llegar a desvelar el misterio. Investigadores del Instituto Tecnológico de California filmaron el vuelo de las abejas con una cámara especial que permite alcanzar los 6 000 fotogramas por segundo y descubrieron que, a diferencia de otros insectos voladores que baten las alas en un rango de entre 145 y 165 grados, nuestras protagonistas ni siquiera alcanzan los 90 grados, pero las mueven a mucha velocidad, a una frecuencia de 230 aleteos por segundo. Este aleteo es menos eficiente que el amplio y lento de otros insectos, pero puede lograr una mayor sustentación, algo importante para ellas, ya que pasan mucho tiempo suspendidas en el aire transportando un gran peso.

Además, los investigadores de Caltech vieron que las alas no eran rígidas, sino flexibles: se mueven hacia atrás en un arco de 90° y según vuelven hacia delante van girando, de manera que crean vórtices que les permiten mantenerse en el aire. Este descubrimiento podría ser muy útil para diseñar hélices más eficientes o aeronaves con mucha más capacidad de maniobra.

En algunas especies la probóscide puede ser más larga que su propio cuerpo.

se mueven horizontalmente; en las obreras son lisas y redondeadas, mientras que en el caso de las reinas y los zánganos presentan pequeños dientecillos en el borde. En las especies del género Megachilidae, esta parte de la boca es descomunal en proporción al resto del cuerpo, ya que también las usan para cortar hojas y pétalos con los que tapizan su nido.

La probóscide o trompa está formada por las maxilas y el labio. No es un órgano permanente, sino que se improvisa cuando es necesario, formando un tubo muy eficaz para succionar néctar, miel o agua. En reposo está plegada bajo la cabeza, y para absorber líquidos se proyecta hacia delante. La trompa está dotada de una lengua o glosa larga, flexible y acanalada. Termina en una especie de plumero que se pliega hacia atrás cuando la abeja lame, levantando así el líquido hasta dentro de la probóscide, donde es succionado por una serie de músculos que lo impulsan a la faringe y luego al esófago.

GLÁNDULAS

En la cabeza de las abejas existen dos tipos de glándulas. Las salivares, que se mezclan con el néctar y también sirven para ablandar la cera o incluso solubilizar alimentos como el azúcar, y las productoras de jalea real, con la que alimentan a las larvas y a la reina, y que se forma a partir de polen, agua, miel y unas condiciones determinadas de temperatura.

TÓRAX

Es la parte central del cuerpo. Alberga potentes paquetes musculares, principalmente relacionados con la locomoción (patas y alas), aunque otros se ocupan del movimiento de la cabeza y el abdomen. Está constituido por tres segmentos o anillos, cada uno con un par de patas, y el segundo y el tercero con un par de alas membranosas. Estos segmentos también disponen de espiráculos (orificios), por donde entra el aire para la oxigenación del tórax.

PATAS

Además de ser órganos locomotores, funcionan como elementos de limpieza y de trabajo, de ahí que dispongan de estructuras «especiales». Están articuladas y constan de varios segmentos (cadera, trocánter, fémur, tibia y tarso). En el extremo final poseen dos «uñas» con las que la abeja se aferra a superficies rugosas, y entre ambas una almohadilla para adherirse a las superficies lisas.

El par anterior es el más corto y tiene un papel fundamental en la limpieza de ojos y antenas, órganos a través de los que las abejas perciben el exterior, detectan el alimento y se relacionan tanto con el entorno como con otros congéneres. Tienen unas estructuras a modo de peine, consistentes en una escotadura semicircular provista de pelos, que se cierra dejando un agujero del tamaño de la antena. Las segundas extremidades también poseen una especie de cepillo, algo aplanado y recubierto de pelos en su interior, para retirar el polen del tórax y las alas, y colocarlo en las patas traseras. En el último par, el más largo, las hembras (únicas recolectoras) disponen de un sofisticado «cesto» (corbícula) en la parte exterior de la tibia para almacenar el polen y el propóleo. Se trata de una depresión rodeada de pelos fuertes y algo curvados que permiten retener dichos productos para transportarlos hasta la colmena. Sin embargo, no todas las especies poseen estos cestos. Las integrantes de la familia Megachilidae acumulan el polen en unas pilosidades ligeramente adhesivas dispuestas en la parte ventral de su abdomen; se trata de un mecanismo menos eficaz que los cestillos. Los miembros de la familia Colletidae transportan el polen en su aparato digestivo.

ALAS

Poseen dos pares de alas, aunque pueda parecer que solo tienen uno, ya que en reposo las traseras,

... Y DEL ATERRIZAJE

Hace algo más de una década y, al igual que en el caso del misterioso vuelo de las abejas, gracias a unas cámaras de altísima velocidad, se descubrió el curioso proceso de aterrizaje de las abejas melíferas (*Apis mellifera*). Un equipo de investigadores de la Universidad de Queensland, en Australia, diseñó superficies abatibles, con distintas inclinaciones, desde el plano horizontal hasta el vertical e, incluso, desplomado, y grabaron cómo se posaban las abejas en cada uno de ellos. Si la superficie era plana o con poca inclinación, las abejas tocaban primero con las patas traseras para después dejar caer suavemente el cuerpo. Sin embargo, si estaba muy inclinada o vertical, las abejas curiosamente utilizaban sus antenas para tomar contacto, como evaluando la pista de aterrizaje; a continuación, posaban sus patas delanteras para aferrarse a la superficie, y tras ellas el segundo y tercer par. Los investigadores han llegado a la conclusión de que estos animales están naturalmente diseñados para aterrizar en superficies con una pendiente de 60º como máximo, y creen que los pétalos de las flores de muchas plantas tienen precisamente esa inclinación para facilitar el acceso a los polinizadores.

Seis segmentos visibles en el abdomen de las hembras.

más pequeñas que las delanteras, quedan plegadas bajo estas. Cuando van a realizar vuelos largos unen las alas anteriores y posteriores mediante una especie de garfios, formando una sola ala grande que les permite tener un vuelo más veloz; por el contrario, si lo que quieren es hacer vuelos de precisión al visitar las flores, desenganchan los garfios y se quedan quietas en el aire. Además de su capacidad de vuelo, las alas constituyen un potente ventilador, muy útil para evaporar la humedad sobrante de la miel o refrescar la colmena en verano. También pueden producir con ellas sonidos particulares para comunicarse. Las cuatro alas tienen una constitución membranosa y están reforzadas por una serie de nervaduras, que son unos tubitos a través de los cuales circula la hemolinfa (la sangre de los artrópodos). Dichas nervaduras son diferentes en cada especie y raza de abeja, por lo que son muy útiles para la identificación.

ABDOMEN
Está formado por nueve segmentos, de los que solo seis son visibles en las hembras y siete en los machos. En su interior alberga muchos órganos esenciales. Cada segmento posee una placa dorsal o «tergito» y otra ventral o «esternito» unidas entre sí por membranas flexibles que permiten una gran cantidad de movimientos. Los «tergitos» tienen un pequeño agujero o espiráculo por el que respiran a través de un tubito hueco (tráquea) conectado con los sacos aéreos.

Bajo el abdomen, aunque solo en las obreras, se encuentran cuatro zonas ovaladas y de color claro llamadas «espejos», que son las glándulas productoras de cera. En un determinado momento de la vida de la abeja, estas glándulas segregan un líquido que se endurece en contacto con el aire dando lugar a escamas de cera, que serán moldeadas por la abeja con la boca para formar los panales. En la parte dorsal del abdomen se halla la glándula odorífera o Glándula Nasanoff, que libera una feromona que permite el reconocimiento entre los individuos de una misma colonia. Al igual que nosotros nos damos cuenta de que cada casa tiene su propio aroma, cada colmena también huele diferente para las abejas, y no permitirán entrar a ninguna intrusa con otro olor.

En el extremo final del abdomen de las hembras se encuentra su característico, y temido por muchos, aparato defensivo, del que carecen los machos. Consta de dos glándulas productoras de veneno (una ácida y otra alcalina), una vesícula donde se almacena el mismo y el aguijón a través del cual lo inocula a la víctima. El aguijón es un ovopositor (apéndice para poner huevos) modificado para inyectar la apitoxina; consta de tres partes móviles con bordes aserrados: un estilete y dos lancetas. En el momento en que se efectúa la picadura, las lancetas se mueven de forma alterna, desgarrando la epidermis para dejar paso al estilete (de 2 mm de largo y 0,1 mm de diámetro), que se introducirá hasta la mitad de su longitud. Entonces, el saco del veneno se contrae, al tiempo que la base del estilete ejerce una ligera succión para que la toxina pueda penetrar en la víctima. En las obreras de la abeja doméstica (Apis mellifera), la forma de anzuelo que tiene el aguijón junto con las púas de las lancetas, impiden que este se desprenda una vez que ha sido insertado, por lo que la abeja se desgarra el abdomen al intentar salir volando y muere a los pocos minutos. El aguijón de las reinas y del resto de especies de abejas, es recto (como en las avispas), por lo que no pierden la vida tras picar. Sin embargo, estos animales, pese a la mala fama que tienen, no son agresivos en absoluto y solo lo utilizan para defenderse. Su primera intención será siempre huir, salvo que se sientan realmente en peligro ellos, su reina o su colmena. También existen abejas sin aguijón, pertenecientes a la tribu Melittidae.

REPRODUCCIÓN

Las diversas especies de abejas que existen en el mundo, con sus características y comportamientos propios, se pueden dividir a grandes rasgos en sociales –constituyen apenas un 10% del total (abejas melíferas, abejas sin aguijón, abejas carpinteras y abejorros) y en las que solo la reina se reproduce–, y una gran mayoría de solitarias, con todas las hembras fértiles y que tienen descendencia propia.

En los dos grandes grupos mencionados (sociales y solitarias), la única función de los machos es aparearse; de hecho, carecen de las estructuras necesarias para almacenar el polen o fabricar la cera, pero sus genes son esenciales en la perpetuación de la colmena. La función de las hembras, sin embargo, muestra algunas diferencias. Todas ellas copulan al poco de «nacer» como adultas, y después pierden la receptividad por el otro sexo. A partir de aquí, las solitarias se dedicarán a construir nidos o celdillas de cría y aprovisionar comida para su futura descendencia, mientras que en el caso de las sociales, como *Apis mellifera*, la puesta de huevos corre a cargo exclusivamente de la reina, que dedicará a ello el resto de su existencia, quedando las hijas estériles encargadas de la cría y el resto de labores.

Existen especies monógamas (se aparean con un solo congénere del sexo opuesto) y polígamas (con varios). Y aunque el mundo de las abejas silvestres es bastante desconocido, por lo general la mayoría de las hembras se reproduce una vez a lo largo de su vida con uno o varios machos, normalmente en primavera, salvo los abejorros (*Bombus*) que lo hacen en otoño. Se sabe que, dependiendo de la especie, los machos siguen básicamente dos estrategias: esperar o buscar. En varias especies solitarias, el macho emerge de su metamorfosis unos días antes que ellas y las aguardan a la entrada del nido, o se posan en flores cercanas a las que las hembras acudirán para obtener alimento.

Sin embargo en otras especies, sobre todo en las de vida comunitaria, la cópula ocurre en el aire, durante el llamado «vuelo nupcial», en el que varios zánganos se aparean con una hembra hasta que ella reúne en una espermateca (órgano interno de almacenamiento) el semen suficiente para poner huevos durante toda su vida, ya sean unos meses en el caso de una abeja solitaria, hasta unos cuatro años en el de una social. Existen sitios de aparea-

INSEMINACIÓN ARTIFICIAL DE LA ABEJA REINA

A la izquierda, proceso de extracción de esperma de un zángano para poder inseminar artificialmente a una abeja reina. En el centro, herramienta que inserta el semen en la abeja reina. A la derecha, células utilizadas en apicultura para las larvas de abeja reina.

MACHOS Y HEMBRAS

El sexo de los mamíferos viene definido por la doble dotación cromosómica (XX o XY) que tenemos, una procedente del padre y otra de la madre. Sin embargo, en las abejas no ocurre igual: aunque las hembras tienen dos juegos de cromosomas (son diploides), los machos solo tienen uno (son haploides), el de la madre, ya que nacen, por un proceso llamado partenogénesis, de huevos sin fecundar (no tienen padre). Este sistema se llama haplodiploidía. La hembra almacena el semen en su espermateca, y lo va usando a medida que lo necesita, controlando si los huevos que pone son fecundados y darán lugar a hembras, o sin fecundar, de donde nacerán machos. El hecho de que la madre elija la descendencia, en ocasiones depende de los recursos disponibles, ya que los zánganos, que en muchas especies son más pequeños, necesitan menos alimento. En una colmena de abejas de la miel, esta forma de reproducción implica que los individuos de la colonia, todos ellos descendientes de la misma reina, están más emparentados entre sí que los hermanos normales, ya que los zánganos llevan el 100 % del ADN materno. Se cree que esto tiene que ver con el desarrollo de conductas eusociales (el nivel más alto de organización social en los animales), y da lugar a comportamientos altruistas.

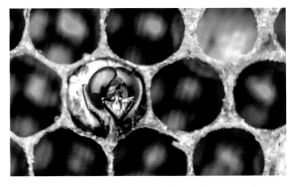

Macrofotografía con una vista frontal de una abeja joven saliendo del panal.

miento colectivo, donde año tras año se reúnen «nubes» o enjambres de zánganos (de 30 o más integrantes cada una) que se forman y desaparecen en cuestión de segundos, aunque aún se desconoce por qué eligen estos lugares. En algunas especies, los machos mueren tras la cópula.

Las abejas de la miel (*Apis mellifera*) disponen de diferentes tácticas con el fin de evitar la consanguinidad. Por ejemplo, cuando buscan formar nuevas colonias, parte de la población abandona la colmena antigua junto a la reina y se desplaza una larga distancia respecto al que fue su hogar. También los zánganos buscan sus áreas de apareamiento lejos de donde nacieron, igual que las reinas que, además, copulan con varios machos. Pero nada es infalible y puede darse el caso en el que por una escasa diversidad genética, nazcan «zánganos anormales». Estos tienen dos juegos de cromosomas (como las hembras) en vez de uno, pero con los dos genes sexuales iguales (en las obreras son diferentes), lo que implica que son incapaces de reproducirse o de trabajar; al no cumplir ninguna función útil para la colonia, son devorados por las obreras nada más nacer. Otras especies, como las abejas meliponas o sin aguijón (Meliponini) no pueden llevar a cabo ese infanticidio, ya que tras poner los huevos sellan las celdas donde se desarrollarán las larvas. Entonces, si se dan cuenta de que empiezan a nacer zánganos anormales, las obreras matan a la reina para reemplazarla por una hija, que tendrá la posibilidad de aparearse con un macho que no sea de la familia y garantizar así la supervivencia de la colmena.

CICLO DE LA VIDA

Como insectos con metamorfosis completa que son, las abejas atravesarán a lo largo de su vida diferentes fases hasta alcanzar la plenitud. Estas fases se resumen en los estadios de huevo, larva, pupa y adulto, como veremos en detalle.

Una vez fecundada, la futura madre vuelve al nido para empezar con su labor. En muchas abejas solitarias cada huevo es depositado en una celdilla, que previamente ha aprovisionado con una mezcla de polen y néctar. Tras la puesta, la madre abandona el nido y muere sin conocer a su descendencia. No existe cuidado parental y la cría depende de las provisiones que le han dejado. Por el contrario, las sociales alimentan y protegen a la larva a lo largo de todo su desarrollo.

Durante este estado como larva, todas las abejas son muy diferentes a como las conocemos: tienen la apariencia de un gusano sin cabeza ni patas, pero su estómago es enorme, casi tan grande como su cuerpo, porque su único objetivo es comer y crecer. Así, tras sufrir varias mudas, llega el momento de la metamorfosis, el paso intermedio entre la larva y el adulto. En esta fase, llamada pupa, segregan un líquido viscoso que al contacto con el aire se solidifica, dando lugar a una seda con la que formarán un capullo semitransparente. Allí reposarán exteriormente, mientras que en el interior de su cuerpo se irán destruyendo las estructuras larvarias para transformarse en los órganos definitivos. El adulto emergerá completamente formado, bien unos días después o bien la primavera siguiente después de hibernar, en función de la especie.

La mayoría de las abejas solitarias y semisociales de climas templados pasan el invierno en el estado adulto o en el de pupa y emergen en la primavera, cuando numerosas plantas están floreciendo. Durante el periodo frío entran en un estado de hibernación llamado diapausa, en el que ralentizan su metabolismo al máximo. Aquellas que vuelan en verano y otoño hacen su diapausa antes de completar la metamorfosis, reactivando el desarrollo cuando suben las temperaturas; por su parte, las que vuelan en primavera realizan

CICLO DE LA VIDA

La abeja reina pone un huevo en una celdilla.

Una abeja obrera alimenta a la larva que ha salido del huevo.

La larva crece y alcanza su crecimiento máximo.

La larva se transforma en pupa.

La abeja ya es adulta.

La abeja adulta abandona la celdilla.

la metamorfosis antes del invierno, hibernando como adultos dentro de la envoltura de seda.

Otras pocas, como los abejorros o las abejas melíferas, no necesitan hacer diapausa, ya que mantienen sus hogares calientes todo el año, y pueden reactivarse durante los días soleados de invierno, en los que es fácil verlos alimentándose en las flores más tempranas. Y las abejas tropicales pueden tener varias generaciones al año y no hibernar.

La mayoría de especies completan su ciclo vital en un año natural, tras el cual el adulto muere después de haber puesto los huevos de la siguiente generación. Hay excepciones, como la ya mencionada abeja de la miel, cuya reina puede vivir cinco años si las condiciones son buenas, o los abejorros carpinteros, que llegan a los dos años como adultos.

CICLO DE VIDA DE *APIS MELLIFERA*

Las etapas por las que pasa una abeja hasta convertirse en adulta son muy conocidas en las melíferas, dado su carácter doméstico. La reina empieza a finales del invierno a buscar celdillas limpias y vacías, en cada una de las cuales pondrá un huevo de entre 1 y 1.5 milímetros de largo (aproximadamente la mitad del tamaño de un grano de arroz) adherido al fondo de la celdilla por un filamento mucoso. El primer día está en posición vertical; poco a poco se va tumbando y el tercer día nace una larva semitransparente que pronto se volverá blancuzca. Las recién nacidas se enroscan en el fondo de la celda, adoptando forma de C y son alimentadas por las abejas «nodrizas» (obreras jóvenes), que les darán jalea real los tres primeros días de vida y una mezcla de polen y miel, conocida como pan de abeja, durante otros tres días; esto no es válido para aquellas destinadas a ser futuras reinas, que seguirán con la dieta de jalea real toda la vida.

TIPOS DE ABEJAS *APIS MELLIFERA*

En la colonia de abejas existe una estructura social en función del género y cada habitante tendrá características diferentes para poder servir a la comunidad con eficacia.

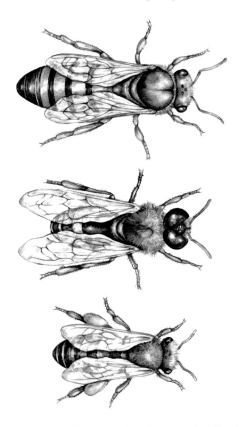

Reina
Se desarrolla en 16 días:
- 3 días como huevo.
- 6 días como larva.
- 7 días como pupa.
- Es la más longeva de la colmena, con una esperanza de vida de 4-5 años.

Zángano
Necesitan más tiempo para desarrollarse, 24 días, ya que son más grandes que las obreras:
- 3 días como huevo.
- 6 días y medio como larva.
- 14 días y medio como pupa.
- Viven unos tres meses.

Obrera
Se desarrolla en 21 días:
- 3 días como huevo.
- 6 días como larva.
- 12 días como pupa.
- Suelen vivir 40-45 días, salvo las nacidas en otoño, que pasarán todo el invierno dentro de la colmena y alcanzan los seis u ocho meses.

El voraz apetito de las larvas hará que su peso se multiplique por 1000 y su longitud aumente de menos de 3 milímetros a 17 en el caso de las obreras. Pronto necesitan estirarse en la celda, ya que no caben enroscadas, y se colocan con la cabeza hacia arriba, preparándose para la metamorfosis. En ese momento, las obreras adultas sellan la celdilla donde se ha desarrollado la larva con una tapa (llamada opérculo) hecha de cera y polen que permite el intercambio de aire y olores. Allí permanecen encerradas entre una y dos semanas (dependiendo de la casta), mientras se transforman completamente: empiezan a diferenciarse la cabeza y las patas, van cambiando su color blancuzco a marrón oscuro, se forman los órganos internos del adulto, aparecen las alas y el característico pelo. Finalmente, completamente formada, emerge la abeja rompiendo con sus mandíbulas el opérculo y pidiendo comida, con el fin de recargar energía y ponerse a trabajar. Esta recién nacida se diferencia a simple vista porque es más pequeña, peluda y rubia que sus hermanas mayores.

Es bien conocido que el tipo de alimento que consuma una larva de abeja melífera (*Apis mellifera*) determinará si es obrera (si come pan de abeja) o reina (si ingiere solo jalea real), pero se desconocía el motivo. Este ha sido descubierto recientemente por científicos de la Universidad de Nankín (China): todo se debe a que el microARN (una molécula de ácido ribonucleico que influye en los genes) de las plantas provoca un retraso en el crecimiento y mantiene inactivos los óvulos de las obreras. Esta molécula es abundante en el pan de abeja, mientras que la jalea real tiene una cantidad de microARN mucho menor, de ahí el gran tamaño de la abeja reina y que sea la única fértil.

ABEJA SUDAFRICANA

La abeja sudafricana o de El Cabo (*Apis mellifera capensis*) es una subespecie muy peculiar porque, además de reproducirse igual que el resto de abejas, también es capaz de hacerlo en ausencia de machos. Resulta que muchas de sus obreras pueden poner huevos diploides (con dos cadenas de cromosomas) sin necesidad de fecundación, gracias a un tipo de división celular anormal. Los huevos se desarrollarán dando lugar a nuevas hembras, que serán copias de la original. Esta estrategia reproductiva puede salvar a la colonia si se queda sin reina, pero también tiene otro objetivo: conquistar la colmena de otra subespecie diferente, la africana (*Apis mellifera scutellata*) para vivir a expensas suya. Invaden las colonias ajenas y una vez dentro, la reina anfitriona desaparece, con lo que las abejas de El Cabo se convierten en las únicas capaces de reproducirse, creando «pseudo clones». Todo esto es posible porque dichas obreras invasoras pueden convertirse en falsas reinas desprendiendo «olor a reina», una feromona que engaña doblemente a la colonia de abeja sudafricana. Por una parte, ese olor indica a sus obreras que ya hay una reina, por lo que no necesitan criar otra, y por otro estimula el cuidado y 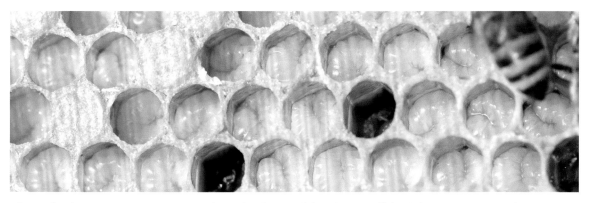 alimentación de los huevos y larvas clonados incluso mejor que los propios.

El tipo de alimento que consuma una larva de abeja melífera (*Apis mellifera*) determinará si es obrera (si come pan de abeja) o reina (si ingiere solo jalea real).

NIDIFICACIÓN Y COLMENA

El objetivo de todas las madres, incluidas las abejas, es que su descendencia se desarrolle fuerte y sana para dar lugar a adultos que perpetúen el ciclo. Por ello, la elección del lugar donde se criarán sus hijos es de suma importancia, y cada madre tiene su propio estilo a la hora de acondicionar el espacio más adecuado a sus necesidades. Por lo general, las abejas prefieren ubicaciones soleadas con abundancia de flores, pero los nidos son muy diferentes dependiendo de las costumbres de cada una.

Aunque el nido más conocido es la colmena, las abejas solitarias construyen otros refugios mucho más discretos, pero igual de eficaces.

Las abejas solitarias eligen lugares muy diversos: puede ser en un agujero en el suelo que ellas mismas excavan o madrigueras abandonadas de pequeños animales, cavidades tanto naturales como artificiales, grietas o incluso el caparazón de un caracol.

Estos refugios, a diferencia de las conocidas colmenas, suelen ser muy discretos, por lo que rara vez se distinguen a simple vista. Las hay que ponen un huevo en cada nido, mientras que otras lo dividen en varias cámaras de cría, posicionando a los futuros machos en la parte delantera para que viajen a los lugares de apareamiento antes de que emerjan las hembras; dichas celdillas están provistas de una mezcla (generalmente polen

y néctar) de la que se alimentará la larva. Tras la puesta, sellarán el nido para que no entren ácaros ni depredadores y lo abandonarán. Algunas familias de abejas solitarias son más sociables que otras y construyen sus nidos cerca los unos de los otros, formando agregaciones, e incluso pueden compartir la misma entrada de nidos comunales, pero es extraño que cooperen entre sí.

Dentro de las abejas solitarias también existen formas parásitas, las conocidas como abejas cuco, ya que hacen lo mismo que dicho pájaro: depositan sus huevos en el interior de nidos de abejas de otras especies para que sean criados por ellas. A este comportamiento se le llama cleptoparasitismo. Se trata de una estrategia de alimentación en la que un animal vive robándole la comida a otro, que es el que la ha recolectado o cazado, algo bastante típico en aves. El caso es que las mencionadas abejas entran en los nidos de otras aprovechando un descuido de la madre y depositan sus huevos en las celdillas que ya han sido aprovisionadas con alimento. Al nacer, la larva cuco mata a la hospedadora y se come las reservas almacenadas. Se conocen 43 especies de abejas parásitas, pero los expertos aseguran que pueden ser muchas más.

En cuanto a las abejas sociales, existen dos categorías distintas. Las pseudo sociales son abejas más evolucionadas que las solitarias y establecen grupos relativamente jerárquicos y organizados. Forman pequeñas colonias en las que las reinas o hembras fecundadas son los únicos ejemplares que sobreviven al invierno, como en el caso de los abejorros.

Las abejas eusociales construyen grandes nidos en los que la reina pone cientos o miles de huevos en celdillas que son cuidados por las obreras.

EL PROBLEMA DEL PLÁSTICO LLEGA A LAS ABEJAS

Actualmente la contaminación por plástico se ha convertido en uno de los mayores problemas medioambientales a escala mundial. Este material derivado del petróleo tarda miles de años en descomponerse, contaminando aguas e intoxicando animales, con el consiguiente peligro para la salud humana. Y las abejas no se quedan al margen. Un grupo de científicos argentinos publicó en la revista *Apidologie* el descubrimiento en 2019 del primer nido de abejas construido enteramente con plástico. El hallazgo fue casual, ya que los investigadores estaban estudiando la importancia de diversas especies animales en la polinización de cultivos, para lo que colocaron bloques de madera cada uno con un orificio en un extremo con objeto de que los insectos construyeran sus refugios en el interior.

La sorpresa fue mayúscula cuando al revisar los nidos encontraron uno compuesto enteramente por plástico que constaba de tres celdas separadas: una de ellas estaba sin terminar, otra albergaba una larva muerta y la tercera se encontraba vacía, ya que la abeja adulta había abandonado el nido. Dado que la larva estaba muerta, no se pudo determinar la especie de la que se trataba, pero los investigadores creen que podría ser un ejemplar de *Megachile rotundata*, o cortadora de hojas de alfalfa, una especie procedente de Europa que ha sido introducida en todos los continentes (salvo la Antártida) con el fin de polinizar comercialmente la flor de alfalfa. Unos meses después de encontrar este primer nido de plástico, en la Universidad de Curtin (Australia) se descubrió que algunas abejas nativas hacían sus nidos en superficies de poliestireno expandido, que se utiliza para aislamiento térmico de casas. Según la autora del estudio, Kit Prendergast, «Que las abejas hayan aprendido a anidar en superficies sintéticas pone de manifiesto su capacidad de adaptarse a las nuevas condiciones ambientales».

Las celdas de cera han pasado a ser de plástico en algún caso.

LOS NIDOS MÁS BELLOS

Osmia avosetta es una especie de abeja solitaria originaria del suroeste de Asia que construye los que posiblemente sean los nidos más bonitos. Una vez fecundada, la hembra cava un pequeño túnel con un par de cámaras o celdas de cría; luego, tapiza las paredes de cada una de ellas con pétalos de flores superpuestos pegados entre sí con barro. A continuación coloca el alimento de la larva (polen y néctar), deposita un huevo encima, dobla sobre él los pétalos internos, sella la entrada con barro y termina con otro pliegue de pétalos, en un proceso que puede durar hasta dos días. El nido endurece pronto, dando como resultado una multicolor cubierta protectora ovalada, resistente al agua y a los depredadores.

Una hendidura en la madera puede ser suficiente para que las abejas formen un nido.

del mundo (tanto pseudo sociales como solitarias) anida en el suelo, dentro de pequeños agujeros que se pueden prolongar en galerías y cámaras. A ser posible, eligen sustratos secos y sin vegetación para evitar la proliferación de hongos en el interior. Y aunque la estructura de estos refugios es similar, el lugar y los materiales con los que se hacen son diversos.

Las hay que construyen y sellan sus nidos con barro, resina, pasta vegetal, hojas o pétalos de flores. Otras, las llamadas abejas carpinteras, poseen fuertes mandíbulas con las que taladran el nido en la madera seca; después, mezclan el serrín con su saliva formando una pasta con la que construyen los compartimentos o celdas.

Las especies eusociales (abeja melífera) construyen nidos muy elaborados y poseen unas complejas estructuras sociales muy jerarquizadas con un sistema de castas (reina, obrera y zángano) definido. Estos rasgos también se dan en termitas y hormigas. Las larvas serán cuidadas y alimentadas por obreras durante todo su crecimiento. A diferencia de las solitarias, que ponen unos pocos huevos en su vida, una abeja reina puede poner entre 500 y 3 000 huevos al día si las condiciones son óptimas y hay alimento abundante. Cuando están en estado silvestre, estas abejas eligen oquedades en árboles o en la roca para establecer sus panales.Sin embargo, la gran mayoría de especies de abejas

Dentro del nido, las obreras construyen las celdas, que serán las habitaciones particulares de las larvas.

PANAL DE ABEJAS

Posiblemente una de las estructuras de la naturaleza que más nos llama la atención desde siempre es el panal de abejas melíferas, que se presenta como un conjunto de cubículos hexagonales. En realidad, es mucho más que un nido, ya que además constituye su refugio, aislamiento térmico, fábrica de miel y almacén de alimento.

El panal está hecho de cera que segregan las abejas obreras (solo las que tienen entre 12 y 18 días) en forma líquida por unas glándulas especiales; al contacto con el aire, el fluido se endurece formando unas escamas que se llevarán a la boca para moldearlas y mezclarlas con su saliva, y posteriormente se las pasarán a otras que son las encargadas de ir construyendo el panal.

En estado libre, las colmenas de las abejas melíferas se encuentran dentro de oquedades de árboles secos o rocas. Están formadas por varios panales verticales y paralelos entre sí, que se empiezan a fabricar desde la parte superior de estas oquedades y caen hacia abajo formando una especie de lenguas de cera. En los panales de los extremos se almacena la miel, que también actúa como aislante, mientras que en los centrales, más protegidos de las inclemencias meteorológicas y posibles depredadores, se sitúan la reina y las crías.

Cada panal tiene una configuración compleja: se podría decir que es de doble cara, ya que consta de dos capas de celdillas con forma de prisma hexagonal, opuestas y contrapeadas, con las aberturas a ambos lados del panal. Además, están ligeramente inclinadas para que no se vierta el néctar que muchas están destinadas a contener. Para poder construir las dos caras, las abejas utilizan como fondo de las celdillas tres rombos cuadriláteros unidos entre sí; de este modo, cuando se construye uno de los fondos, queda hecho al mismo tiempo el de la celdilla situada en la cara opuesta.

El tamaño de dichas celdas no es uniforme, siendo algo más amplias (unos 6 milímetros de diámetro) las situadas en el borde inferior del panal, que están destinadas a los zánganos. Por su parte, las de las obreras miden aproximadamente 1 milímetro menos, y se ubican en la zona media de los panales centrales. La celda de cría de la reina es especial, debido a su gran tamaño, y se llama realera o cacahuete, porque guarda un gran parecido con este fruto seco. El lugar que ocupa en el panal dependerá del motivo que indujo a criar una nueva reina: si la anterior murió repentinamente, la construirán en cualquier celda de obrera agrandada, pero si es vieja o está enferma lo harán en el centro del panal, y si se va a dividir la colmena para formar una nueva colonia (lo que se conoce como enjambrazón), la fabricarán en la parte inferior.

ABEJAS Y ARQUITECTURA

«¿Pueden los instintos adquirirse y modificarse por medio de la selección natural? ¿Qué diremos del instinto que lleva a la abeja a hacer celdas, y que prácticamente se ha adelantado a los descubrimientos de notables matemáticos?».

Charles Darwin,
El Origen de las Especies.

En la imagen superior, casas tradicionales de ladrillos de adobe en el desierto con forma de colmena.

A las abejas les cuesta mucho fabricar la cera. Nos podemos hacer una idea teniendo en cuenta que para hacer un kilo de miel necesitan visitar dos millones de flores y para segregar un kilo de cera necesitan ingerir entre 7 y 10 kilos de miel. Con el enorme gasto energético que supone para ellas obtener néctar, necesitan aprovechar al máximo el espacio empleando un mínimo de material. Esto lo han conseguido gracias a la estructura hexagonal, una figura geométrica perfecta para que todo encaje entre sí y no queden espacios muertos como ocurriría, por ejemplo, si fuese circular. Así se logra un panal ligero, resistente y con poca cera que requiere un gasto energético asequible.

El teorema del panal de abeja afirma que un teselado hexagonal (muchos hexágonos juntos) es la mejor manera de dividir una superficie en regiones de igual área y con el mínimo perímetro total. Este teorema comenzó siendo una conjetura de la que ya se tenían registros en el siglo IV, pero no sería hasta 1999 cuando Thomas C. Hales demostraría dicha hipótesis, convirtiéndola en teorema.

No es de extrañar, por tanto, que el panal sea considerado una obra maestra de la arquitectura, que asombró incluso a Charles Darwin. El naturalista, intrigado ante semejante perfección, estuvo investigando cómo esa estructura había podido influir en la selección natural. Llegó a la conclusión de que el enjambre que necesitase menos miel para transformar en cera, sería el más exitoso, ya que prosperan las especies que consiguen sobrevivir con un menor gasto energético. Afirmó que ese instinto se había transmitido mediante la herencia para que las nuevas colonias tuvieran más posibilidades de supervivencia.

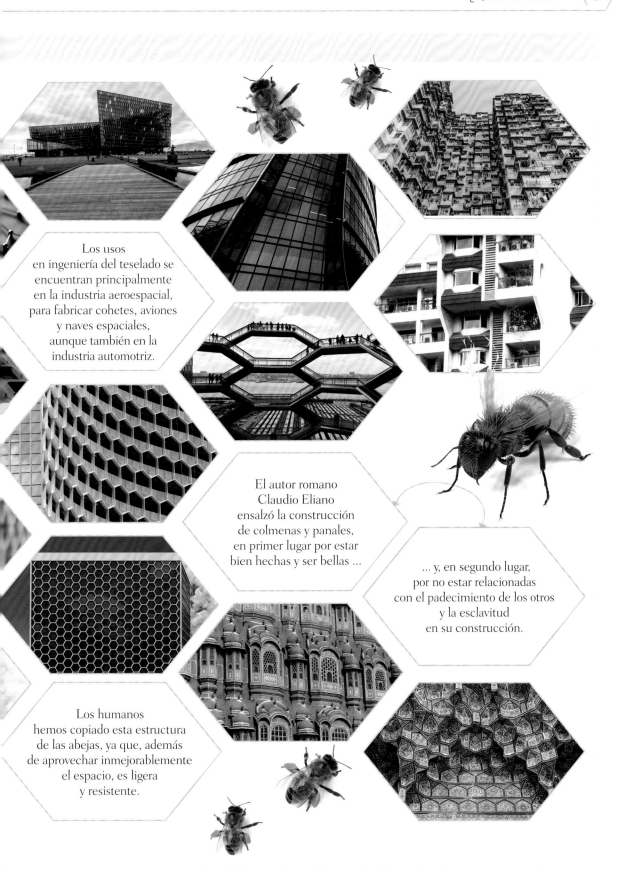

Los usos
en ingeniería del teselado se
encuentran principalmente
en la industria aeroespacial,
para fabricar cohetes, aviones
y naves espaciales,
aunque también en la
industria automotriz.

El autor romano
Claudio Eliano
ensalzó la construcción
de colmenas y panales,
en primer lugar por estar
bien hechas y ser bellas ...

... y, en segundo lugar,
por no estar relacionadas
con el padecimiento de los otros
y la esclavitud
en su construcción.

Los humanos
hemos copiado esta estructura
de las abejas, ya que, además
de aprovechar inmejorablemente
el espacio, es ligera
y resistente.

Tipos de
ABEJAS

ESQUEMA DE LOS TIPOS DE ABEJAS

ANDRENIDAE

Alocandrena
porteri
(hembra)

Alocandreninae: *Alocandrena porteri*

Alocandrena porteri
(macho)

Andreninae: *Andrena fulva*

Andrena
rudbeckiae
(macho)

Andrena
fulva

Panurginae

Calliopsis sp.
(hembra),
familia
Panurginae

Panurgus
banksianus

Oxeinae

APIDAE

Apis
mellifera

Apinae: abejas melíferas
(*Apis mellifera*), abejorros, abejas de las orquídeas

(*Euglossini*), abejas de antenas largas

Abeja de
antenas largas

(*Eucerini*), abejas de pies peludos
(*Anthrophorini*)

Nomadinae (abejas cuco)

Abeja
carpintero

Xylocopinae (abejas carpinteras): *Ceratina, Xylocopa*

COLLETIDAE

Male Euglossa (macho)

Diphaglossinae

Colletinae: *Colletes*

Euryglossinae

Hylaeinae: *Hylaeus*

Xeromelissinae

Colletes cunicularius

Male Euglossa: machos
visitando una orquídea

Hylaeus sp.

HALICTIDAE

Halictinae

Rophitinae

Nomiinae

Nomioidinae

Nomiinae,
Nomia
universitatis
(hembra)

Halictinae,
Augochloropsis sp.

Rophitinae,
Dufourea marginata

Nomiinae,
Nomia
universitatis

Nomioides
minutissimus

MEGACHILIDAE

Fideliinae

Megachilinae

Osmia bicorni,
Abeja rojo Mason

Osmia rufa

Megachilidae

Osmie Cornue (Osmia
cornuta)

ANTHIDUM

Anthidium

Abejas cuco

Megachilidae
Anthidium sticticum

Abeja cuco,
género
Nomadinae

Abeja cuco,
Zacosmia maculata
(hembra)

MELITTIDAE

Melittinae

Dasypodainae

Meganomiinae

Melitta maura

Dasypoda altercator

Meganomia gigas

STENOTRITIDAE

Ctenocolletes

Stenotritus

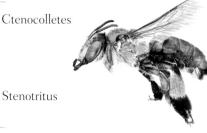

Ctenocolletes
smaragdinus
(hembra)

Stenotritus pubescens

CLASIFICACIÓN GENERAL

La popularidad de las abejas se debe, principalmente, a la abeja doméstica o de la miel (*Apis mellifera*). Mucha gente se sorprende al saber que es solo una especie entre las miles que existen en todo el mundo. Eso sí, la hemos domesticado para sacar provecho de sus productos y se han realizado numerosos estudios científicos con el fin de conocerla mejor. Esto contrasta con la gran ignorancia que tenemos acerca de las abejas silvestres, que hasta ahora han recibido poca atención, quizá por las particularidades de su vida solitaria y la dificultad para observarlas.

Aunque existe una gran controversia en cuanto a su clasificación, actualmente hay siete familias de abejas reconocidas: *Apidae, Megachilidae, Halictidae, Andrenidae, Colletidae, Melittidae* y *Stenotritidae*. La más grande, Apidae, incluye a las conocidas abejas melíferas y abejorros, que constituyen solo un pequeño porcentaje de la diversidad total de las abejas, incluso dentro de su propia familia. En este grupo también se incluyen abejas melíferas sin aguijón de zonas tropicales y muchas solitarias que anidan en el suelo o en la madera muerta, además de «abejas cuco» o parásitas.Las demás familias también cuentan con especímenes de lo más diverso, tanto en lo referente a su morfología como en cuanto a sus costumbres. Desde solitarias a eusociales (el grado más alto de socialización), hay abejas excavadoras, crepusculares o nocturnas, cleptoparásitas, cortadoras de hojas, las denominadas «albañiles», otras que son atraídas por el sudor..., en definitiva, un amplio repertorio de comportamientos y apariencia física.

GENERALISTAS Y ESPECIALIZADAS

Según sus hábitos de alimentación, las abejas se pueden dividir en generalistas, aquellas que recolectan polen de una gran variedad de plantas, y especializadas, las que obtienen su alimento exclusivamente de flores de la misma familia o género. Las primeras, también llamadas poliléticas, consumen distintos tipos de polen y, aunque pueden sobrevivir con una dieta más monótona, se cree que esto afectaría a su estado de salud, al menos en el caso de la abeja doméstica, ya que cada planta posee un tipo diferente. Estas abejas han evolucionado para aprender a manipular flores de especies variadas, cada una con una morfología única que requiere un modo diferente de extraer el preciado alimento. Por su parte, las abejas especializadas, también conocidas como monolécticas u oligolécticas, recogen el polen de un grupo reducido de plantas, por lo que en muchos casos el ciclo de vida de estos himenópteros está íntimamente ligado a ellas. Normalmente, se especializan en tipos de flores abundantes y duraderas en el tiempo.

DIFERENCIAS CON OTRAS ESPECIES

Ante tal diversidad de abejas, cuando damos un paseo y encontramos un insecto en una flor, nos pueden surgir dudas. Es fácil confundirlas con avispas, aunque algunas características nos ayudarán a reconocerlas. En general, las avispas son amarillas y negras, y apenas tienen pelo, mientras que las abejas suelen ser oscuras, a veces con franjas de vello dorado, y tienen abundante pelo por todo el cuerpo; además, en las abejas no es tan marcada y visible la típica «cintura de avispa» (unión entre el tórax y el abdomen). En cuanto a su comportamiento, las abejas son mucho más pacíficas y solo atacan si se sienten amenazadas como individuo o a nivel colectivo, en contraste con algunas avispas. Otros insectos que pueden parecer abejas son algunos dípteros (moscas), como los sírfidos o bombílidos. En estos insectos se observa un tipo de mimetismo, llamado mimetismo batesiano, consis-

Algunos insectos adoptan un aspecto similar al de las abejas como mecanismo de defensa: esto se denomina mimetismo batesiano.

OTRAS ESPECIES

A la izquierda, un ejemplar de avispa sobre un árbol frutal. En el centro, un precioso ejemplar de sírfido suspendida sobre una flor. A la derecha, un ejemplar de Bombyliidae comiendo polen de un grupo de flores.

tente en imitar la forma y colores de abejas y avispas como único mecanismo de defensa. De esta manera, los posibles depredadores los confunden con himenópteros y creen que tienen aguijón, por lo que se lo piensan dos veces antes de atacar.

Los sírfidos (*Syrphidae*), también conocidos como moscas de las flores o moscas cernidoras por su capacidad para quedarse quietos en el aire batiendo sus alas, suelen lucir colores a franjas negras y amarillas o naranjas. Se diferencian de las abejas por tener un solo par de alas, unos gigantescos ojos que ocupan toda la cabeza, antenas muy cortas y un aparato bucal chupador (en los himenópteros es masticador-lamedor). Además, como moscas que son, carecen de aguijón. Estos insectos son muy beneficiosos ya que, generalmente, en su etapa larvaria se alimentan de pulgones, siendo utilizados en ocasiones como control biológico y de plagas, mientras que los adultos son muy buenos polinizadores.

Por su parte, los bombílidos (*Bombyliidae*) son conocidos en inglés como «mosca abeja», por su parecido con nuestras protagonistas. Generalmente son rechonchos y muy peludos, de colores amarillentos o anaranjados con franjas o dibujos oscuros, de tamaño mediano y con un vuelo rapidísimo. Sus larvas son parásitas y se alimentan de huevos o larvas de otros insectos, incluidas abejas solitarias, mientras que los adultos ingieren néctar y polen. Para no confundirlos con las abejas, debemos fijarnos en sus largas patas, las antenas muy cortitas, una probóscide descomunal (con la que liban el néctar de las flores mientras se encuentran suspendidos en el aire) y, por supuesto, su único par de alas.

POLEN Y MIEL

Sabemos que las abejas comen miel y polen, pero siempre hay una excepción que confirma la regla, ya que tres especies del género *Trigona* (tribu Meliponini) se alimentan de carroña, por lo que se las conoce como «abejas buitres». Estos insectos necrófagos penetran en los cadáveres para ingerir la carne en descomposición. Al entrar en contacto con las enzimas digestivas de estas abejas, la carroña se transforma en una sustancia similar a la miel, resistente a la descomposición, que es almacenada en la colmena y puede consumirse a largo plazo. Este comportamiento fue observado por primera vez en 1982.

ABEJAS SILVESTRES

La población de abejas silvestres se está viendo reducida debido al incremento de las zonas de cultivo agrícola y a la competencia con las melíferas. Sin embargo, diversas investigaciones han demostrado su importancia como polinizadoras, y se empiezan a utilizar comercialmente con este fin. Como ejemplos, *Megachile rotundata* y *Nomia melanderi* facilitan la reproducción de la alfalfa (*Medicago sativa*), *Peponapis pruinosa* la de la calabaza (*Cucurbita pepo*), *Osmia rufa* la de los manzanos (*Malus domestica*), y la japonesa *Osmia cornifrons* la de la fresa (*Fragaria*).

Osmia rufa

FAMILIA ANDRENIDAE

Es una familia amplia, con más de 3000 especies, que se pueden encontrar en todos los continentes salvo Australia. Muestra predilección por lugares templados y más bien secos o incluso áridos, por lo que escasean o están ausentes en las zonas tropicales.

Suelen ser oscuras y con mucho pelo (especialmente sobre el tórax) de color marrón, más o menos claro, aunque también las hay rojas, naranjas y blancas. Son de tamaño pequeño o mediano, abarcando desde los apenas 6 milímetros de *Andrena minutula*, hasta los 26 de los representantes de la familia estadounidense Oxaeinae.

Entrando más en detalle, se caracterizan por tener dos líneas divisorias en la cara, bajo la base de las antenas, que se conocen como suturas subantenales, un rasgo primitivo que comparten con las avispas de la familia Crabronidae, antepasados de las abejas. Además, habitualmente su lengua o glosa es corta y puntiaguda.

Las hembras poseen cestillos en sus patas traseras para almacenar el polen, que recogen de un número limitado de plantas, a veces de una familia o un solo género, por lo que se dice que son oligolécticas o polinizadoras especializadas; sin embargo, algunos individuos del género *Andrena* se alimentan de una gran diversidad de flores.

Abeja pequeña minería cetr
Andrena prae

ESPECIES NOCTURNAS

Es una de las pocas familias de abejas que no tienen especies cleptoparásitas, aunque sí cuenta entre sus integrantes con algunos de hábitos vespertinos (al igual que Halictidae, Colletidae y Apidae). Estas abejas han modificado sus costumbres para activarse al anochecer, con el fin de eliminar competencia, depredadores y poder acceder a determinadas flores que se abren cuando se va el sol. Sus ojos, tanto los compuestos como los simples u ocelos, son mucho más sensibles a las distintas intensidades de luz y, habitualmente, más grandes.

SUBFAMILIAS

Andrenidae cuenta con unas 3000 especies divididas en cuatro subfamilias: *Alocandreninae*, *Andreninae*, *Panurginae* y *Oxaeinae*.

Alocandreninae. Está formada por abejas de unos 10-11 milímetros y sus hembras tienen un aguijón extremadamente reducido. Contiene solo un género y una especie, *Alocandrena porteri*, que vive en el lado occidental de la Cordillera de los Andes, en Perú. No se conoce demasiado acerca de ella, pero se cree que tiene múltiples generaciones anuales, ya que ha sido observada prácticamente a lo largo de todo el año.

Panurginae. Sus representantes son generalmente abejas de tamaño pequeño a mediano (4-10 milímetros) y con pilosidad escasa, que abundan en América (salvo en los trópicos) y son menos numerosos en el Viejo Mundo, donde se distribuyen por la región paleártica (Europa, Asia al norte del Himalaya, zonas septentrional y central de la península arábiga) y África. Pueden presentar manchas amarillas en distintas partes del cuerpo. A veces viven en agregaciones y sus nidos son poco profundos.

Oxaeinae. Este es un pequeño grupo constituido por ejemplares grandes (13-26 mm de largo), robustos, peludos y de vuelo rápido, que se distribuyen desde Estados Unidos a Argentina. Llaman la atención sus enormes ojos, que en los machos casi convergen en la parte superior de la cabeza; además, sus ocelos u ojos simples se encuentran situados más en la parte frontal que en otras abejas. Todas las especies son tremendamente parecidas entre sí, y casi completamente diferentes del resto de andrénidos. Construyen profundas madrigueras verticales en terreno plano.

Andreninae. Integrada por individuos pequeños o medianos (6-17 milímetros) y de distribución prácticamente cosmopolita. Dentro de la subfamilia, el género *Andrena* es, de lejos, el más grande, con unas 1500 especies. Los machos pueden lucir marcas

NIDO

Las abejas Andrenidae anidan en el suelo, en terrenos secos, arenosos y con vegetación escasa, consiguiendo así una mayor exposición al sol para que caliente sus refugios; en ocasiones, estos se encuentran cerca de un arbusto o planta que les brinda protección contra las heladas. Excavan un túnel vertical, cuya entrada tiene el diámetro aproximado de un lápiz, del que salen diversos ramales que llevan a las celdas. Estas están revestidas habitualmente con una secreción cérea brillante, y en su interior las hembras guardan una provisión de néctar y polen que en algunas especies es viscosa y ocupa el extremo inferior de celdas verticales, mientras que en otras son firmes y con forma de esfera. Encima del alimento depositan un huevo y sellan la celda. La larva crece rápidamente, hace la metamorfosis en otoño y permanece en la celda hasta principios de la primavera siguiente. Aunque son solitarias, suelen formar grandes agregaciones.

Aspecto de las celdas en un nido de suelo de la familia Andrenidae.

amarillas en la cara. Para facilitar el transporte de polen, las hembras de algunas especies lo humedecen, mezclándolo con polen regurgitado.

Andrena fulva. Perteneciente al género *Andrena*, también se la conoce como abeja excavadora o minera. Es una especie europea llamativa, que presenta un marcado dimorfismo sexual: las hembras miden entre 8 y 10 milímetros, y lucen una densa pilosidad rojiza en el tórax, mientras que en los machos, de 10 a 12 milímetros, el pelo es mucho menos denso, de color marrón anaranjado y tienen un mechón blanco en la cara.

Es común en parques, jardines, claros de bosque, praderas y bordes de cultivos, donde puede formar agregaciones. Construyen los nidos en el suelo y son fácilmente reconocibles porque la entrada está protegida por un montículo de tierra, a modo de diminuto volcán. Excavan un túnel vertical de unos 20 o 30 centímetros, ramificado en varias galerías que desembocan en las celdas. Dentro de cada una, la madre deja una mezcla de polen y néctar como alimento para el recién nacido, y coloca un huevo encima. En pocos días

Ejemplar macho de *Andrena fulva* en el que se observa el pelo anaranjado y el mechón blanco de la cabeza.

eclosiona la larva, que crece rápidamente y, tras consumir las reservas, se convierte en pupa.

Los adultos emergen a principios de primavera, primero los machos, que esperarán a las hembras para reproducirse y luego morirán. Ellas, por su parte, se dedicarán a asegurar su descendencia, recolectando polen de una amplia variedad de plantas, tanto autóctonas como de jardinería.

Andrena fulva hembra en un jardín.

FAMILIA APIDAE

Se podría decir que es la familia de abejas por excelencia, ya que engloba a varias de las especies más conocidas, como la abeja melífera, los abejorros o las abejas carpinteras, además de muchas otras menos populares. Es un grupo extremadamente diverso en cuanto a tamaños (desde 3 milímetros en los especímenes más pequeños, hasta 3 centímetros en los más grandes), coloración, pilosidad (abundante o muy escasa) y hábitos.

Entre sus integrantes se pueden encontrar desde especies solitarias hasta las eusociales (la más alta sociabilidad) abejas melíferas o meliponas, con sus castas y colonias permanentes, pasando por diferentes grados de sociabilidad, y también especies parásitas. Construyen sus nidos en cavidades ya existentes en el suelo, en los árboles o, en madera muerta; en el caso de los cleptoparásitos, persiguen a sus víctimas hasta el nido. En general, se alimentan de múltiples especies de plantas y se encuentran prácticamente en todos los hábitats donde haya flores, excepto en la Antártida.

APINAE

Este grupo incluye tanto abejas sociales (abejas melíferas, abejas sin aguijón y abejorros) como solitarias. Estas últimas suelen excavar sus nidos en el suelo, mientras que las sociales aprovechan cavidades más o menos grandes o madrigueras preexistentes. En general, con la excepción de Anthophorini, se caracterizan por almacenar el polen en las corbículas (cestillo en la tibia de las patas posteriores).

En el grupo Apinae predominan las abejas que almacenan polen en las corbículas, como la de la imagen.

SUBFAMILIAS

Apidae está conformada por tres subfamilias de abejas:

Apinae

Nomadinae

Xylocopinae

Tradicionalmente, *Anthophora* era considerada como otra familia aparte (Anthophoridae), aunque los últimos estudios la incluyen en Apinae. Cada subfamilia está dividida en tribus, una clasificación taxonómica optativa intermedia entre la familia y el género que tiene como objeto organizar familias que contienen muchos miembros.

TAILANDIA

En Tailandia, algunas abejas de la tribu Meliponini acuden a los ojos de humanos y otros animales (como cebúes o perros) para beber sus lágrimas. Suelen hacerlo de manera individual, pero en ocasiones pueden formar pequeñas agregaciones de 5 o 7 individuos. Se cree que hacen esto para obtener sales minerales y proteínas.

¿Intenta consolar al perro esta abeja melipona?

ABEJAS MELÍFERAS MELIPONAS

Las abejas melíferas se pueden dividir en dos grandes grupos: con aguijón, pertenecientes a la tribu Apini, género *Apis*, de las que hablaremos más adelante, o sin aguijón, dentro de la tribu Meliponini, género *Melipona*, que se encuentran en las zonas tropicales o subtropicales de todo el mundo. La principal característica de estas últimas es que su aguijón está atrofiado, lo que las ha llevado a desarrollar otros mecanismos de defensa, como unas fuertes mandíbulas o la secreción de ácido fórmico al morder.

Al igual que las abejas domésticas o *Apis mellifera*, las meliponas son verdaderamente sociales (eusociales) y forman colonias permanentes, que pueden contar con unas pocas docenas de individuos o más de 100 000. Su sociedad está dividida en castas, con diferente morfología y reparto de tareas. En muchas áreas de América tropical son las abejas más comunes y, por lo tanto, juegan un importantísimo papel como polinizadoras de la vegetación nativa.

Construyen sus refugios en cavidades más o menos pequeñas, y algunas incluso en el exterior, en ramas de árboles o paredes de acantilados. Los nidos están hechos de cera mezclada con resinas, pudiendo agregar barro u otros materiales. Un rasgo que las diferencia del resto de abejas melíferas es que construyen las nuevas colonias a partir de una ya existente; antes de enjambrar, empiezan a criar reinas y eligen la ubicación de la futura colmena, a la que aportan materiales de construcción y comida desde la original. Cuando ya está todo preparado, una reina joven acude al nuevo nido e inmediatamente comienza a poner huevos.

La reina coloca el huevo verticalmente sobre una masa de alimento consistente en polen, miel o néctar y secreción de las glándulas hipofaríngeas, y posteriormente sella la celda, que será destruida una vez haya emergido la abeja adulta. El resto del alimento se almacena en ánforas.

Existen evidencias que señalan que los mayas iniciaron su domesticación para aprovechar la miel, criándolas dentro de troncos huecos; incluso contaban con una deidad encargada del cuidado de las preciadas abejas. Actualmente esta actividad, que recibe el nombre de meliponicultura, se continúa llevando a cabo en algunas partes de América del Sur. Si bien es cierto que producen muy poquita miel en comparación con la *Apis mellifera*, esta es muy apreciada por sus cualidades alimenticias y medicinales, y se están estudiando sus propiedades probióticas a la vez que antibióticas.

Según un estudio publicado en la revista científica *Science*, el cambio climático puede estar produciendo el acortamiento de la lengua de algunos abejorros. Los investigadores consideran que las temperaturas más cálidas y los suelos más secos han contribuido al descenso del número de flores con corola de tubo largo (que requieren una probóscide más larga para acceder al néctar), lo que ha obligado a los abejorros que tenían aquí su fuente de alimento principal a buscarlo en flores con una menor profundidad. Por ello, la longitud de las lenguas de algunas especies ha disminuido en las últimas décadas, adaptándose a las nuevas circunstancias.

El abejorro, o *Bombus terrestris*, a pesar de causar pavor a los humanos, es un insecto pacífico y social.

ABEJORROS

Pertenecen al género *Bombus*, que está integrado por individuos medianos o muy grandes (entre 9 y 22 milímetros de largo) y muy peludos, como adaptación a los climas templados o fríos en los que generalmente se encuentran. Pueden estar activos a 5 grados centígrados, pero un excesivo calor les perjudica. Salvo las especies parásitas, los abejorros viven en colonias eusociales que tienen una duración anual. Pese al miedo que suelen producir debido a su tamaño y su potente zumbido, son sumamente pacíficos y es muy difícil que nos piquen.

Bombus terrestris

Es el abejorro más común en Europa. Tiene el cuerpo coloreado a franjas amarillas y negras con una característica banda blanca en el extremo final del abdomen. La cara es negra y pequeña, y su lengua es relativamente corta, pudiendo medir 10 milímetros en las reinas, siendo más corta en las obreras.

Son insectos eusociales, que colaboran en el cuidado de la prole, además de existir división del trabajo por castas. La reproducción corre a cargo exclusivamente de la reina que, tras haber sido fecundada en otoño, es la única que sobrevive al invierno. Emerge de su letargo en primavera y, tras hacer acopio de energía, busca una cavidad en el suelo (que bien puede ser una madriguera abandonada de roedor) para anidar, lo que le ahorra mucho esfuerzo y energía. Una vez encontrado el lugar idóneo, la reina empieza a aprovisionar el nido con néctar y polen, y deposita los huevos, que cubrirá con cera; esta cubierta será abierta de vez en cuando por la madre para añadir más alimento. Al mismo tiempo fabrica unas ánforas, también de cera, que rellena con néctar. Una vez que surgen las primeras obreras, la reina se limita a la función reproductiva y a incubar sus huevos, mientras que sus hijas se encargan de buscar comida, construir celdas, alimentar a las larvas o limpiar.

Cuando la colonia es suficientemente grande, la reina empieza a poner huevos no fecundados, dando origen a zánganos, cuya función es la reproducción; posteriormente depositará huevos fertilizados para generar nuevas reinas. Todos ellos abandonarán el nido para aparearse y, en el caso de las hembras, hibernar para después formar nuevas colonias.

Los abejorros figuran entre los más destacados polinizadores de las regiones templadas. Son capaces

Abejas de las orquídeas

Junto con las tribus más conocidas, dentro de la familia Apidae existen otras destacadas como Euglossini, Eucerini y Anthophorini.

de llevar a cabo una polinización por zumbido, o sonicación, proceso en el que mediante un vigoroso movimiento de sus músculos de vuelo, liberan el polen de las anteras de algunas plantas, que requieren de este método para reproducirse. Por ello, la introducción de abejorros para la polinización en invernaderos se ha generalizado en los últimos años y su demanda se incrementa anualmente. Dedicaremos un capítulo aparte a este tema.

ABEJAS DE LAS ORQUÍDEAS, ABEJAS CON PIES PELUDOS Y ABEJAS DE ANTENAS LARGAS

Junto con las tribus más conocidas, dentro de Apidae existen otras destacadas como Euglossini, Eucerini y la mencionada Anthophorini.

A los miembros de Euglossini también se los conoce como abejas de las orquídeas. De tamaño relativamente grande, tienen colores variados (rojos, azules, verdes, púrpura y dorados) con reflejos metálicos. Su capacidad de vuelo es sobresaliente. Son insectos solitarios; su presencia es habitual en los bosques húmedos tropicales y subtropicales del continente americano. Además, se caracterizan por una lengua o glosa enorme, a veces más grande que su propio cuerpo, de ahí su nombre científico: euglossini significa «lengua verdadera». Los machos son atraídos por las fragancias producidas por algunas orquídeas y almacenan dichos perfumes en sus tibias posteriores. No se sabe por qué

lo hacen, aunque se especula que es un método para conquistar a las hembras, demostrando así su habilidad y conveniencia como pareja. Más de 600 especies de orquídeas dependen de ellos para su polinización; las hembras, por su parte, recogen alimento de distintas flores.

La tribu Eucerini se caracteriza por las largas antenas de los machos. Son solitarias y hacen sus nidos en el suelo, a veces formando agregaciones. Algunas de ellas son unas importantes polinizadoras del algodón en Brasil.

Las pertenecientes a la tribu Anthophorini son robustas y peludas, con un tamaño de entre 10 y 20 milímetros. Algunas poseen llamativos pelos hasta en sus «pies». Los machos, con su rapidísimo vuelo, son muy territoriales. Los nidos generalmente están construidos en el suelo, ya sea en taludes o en terreno plano. Las celdas están hechas de arcilla y revestidas interiormente con una sustancia cérea que impermeabiliza y que luego sirve de alimento para la larva.

XYLOCOPINAE O ABEJAS CARPINTERAS

También se las llama abejas carpinteras, no porque se alimenten de madera sino por sus hábitos de anidar en material vegetal muerto, ya sean tallos huecos, agallas o madera. Sus tamaños oscilan desde los 3 milímetros dentro del género Ceratina, hasta los casi 3 centímetros de Xylocopa. Existen especies solitarias, gregarias y sociales.

NOMADINAE O ABEJAS CUCO

Constituye el grupo más grande y diverso de abejas cleptoparásitas o cuco. Debido a sus costum-

Como se puede comprobar en este ejemplar, los miembros de la tribu Eucerini lucen largas antenas.

La subfamilia Xylocopinae alberga especies con
gran variedad de tamaños y costumbres.

bres no necesita pelos para recoger el polen; además, sus colores vivos, rojos, amarillos y negros, y
su cuerpo alargado hace que puedan confundirse
con una avispa.

En todos los casos, la hembra parásita accede a
la celda abierta de su víctima mientras la madre
está fuera del nido. Allí inserta su huevo, que es
inusualmente pequeño para el tamaño de la abeja, colocándolo en la pared o revestimiento de la
celda; después se marcha para, probablemente,
seguir parasitando otras celdas a medida que se
construyen y aprovisionan. Cuando emerge la larva
intrusa, detecta a la huésped y con sus poderosas
mandíbulas la mata, para alimentarse de su reserva
de polen y néctar. Las abejas cuco sienten predilección por los nidos de la familia Andrenidae. Tienen una distribución mundial.

Xilocopinae anida en los huecos de la madera.

XYLOCOPA VIOLÁCEA

También llamado abejorro carpintero
europeo, es imposible que pase
desapercibido debido a su gran tamaño
(más de 20-30 milímetros de longitud
por 40-50 de envergadura), coloración
completamente negra con o sin reflejos
azulados y fuerte zumbido. Este insecto es
amante del clima cálido y vive en valles,
prados y campos de cultivo, siendo común
en el sur y el centro de Europa.

Los adultos de ambos sexos hibernan
en huecos de árboles o vigas de madera,
a menudo en grupo, para activarse con
los primeros calores. Tras alimentarse y
recuperar energía, buscarán pareja y una
vez estén fecundadas, las hembras elegirán
el lugar idóneo para criar a su prole. Allí,
con sus fuertes mandíbulas excavarán
varias galerías que desembocan en una
única cámara en cuyo interior construyen,
con madera masticada, unas pequeñas
habitaciones de cría, para luego añadir
comida y un huevo en cada una. Tras realizar
la metamorfosis, los adultos emergen a
finales de verano; se alimentarán para reunir
toda la energía disponible y prepararse para
hibernar hasta el año siguiente.

Los orificios que realizan en la madera
son perfectamente redondos y a menudo
reconocibles por el serrín que dejan debajo
de los mismos. Recogen el néctar de
diferentes especies de plantas y son buenas
polinizadoras de leguminosas silvestres y
cultivadas, así como de labiadas y rosáceas
(manzano, membrillo, peral…).

FAMILIA COLLETIDAE

Los miembros de esta familia son muy diferentes entre sí, pero en conjunto poseen varias peculiaridades que los hacen únicos. Durante mucho tiempo se pensó que era el grupo más primitivo, porque comparten características de sus partes bucales con las avispas Crabronidae, que se cree que son las antepasadas de todas las abejas. Sin embargo, estudios moleculares recientes han refutado esta hipótesis, colocando a la familia Melittidae como el grupo basal de las abejas. Colletidae engloba a más de 2 000 especies agrupadas en cinco subfamilias y en 54 géneros.

Físicamente poseen tamaños y formas variadas, desde las relativamente grandes y peludas a otras pequeñas y con apariencia de avispa. Su lengua o glosa es ancha y corta, con el ápice o extremo truncado (como si hubiera sido cortado) o bilobulado. En cuanto a sus hábitos alimentarios, son abejas principalmente generalistas o polilécticas, ya que recogen polen de diversas flores, aunque algunas muestran preferencias por determinadas especies de plantas.

«ABEJAS CELOFÁN»

A las representantes de esta familia en algunos lugares se las conoce como «abejas celofán», ya que una de sus principales características es el revestimiento, parecido al celofán, de las celdas de cría (ya sea bajo tierra o en una ramita). Recubren el interior con una secreción procedente de la glándula de Dufour, que está ubicada en el abdomen, concretamente en la base del aguijón. La abeja dobla su cuerpo para recoger con la boca una gotita y con la lengua va impregnando poco a poco todo el interior de la celda; este comportamiento está muy relacionado con otra de las características de las Colletidae: su lengua bífida, que actúa como un pincel doble para embadurnar el habitáculo. Al contacto con el oxígeno dicha secreción se convierte en una película fina, transparente, resistente e impermeable, que además posee propiedades bactericidas y fungicidas. Una vez revestida y puesto el huevo, se sella la celdilla, que queda así aislada de las inundaciones o desecaciones extremas que pueden sufrir ciertas poblaciones de estas abejas.

ABEJAS NOCTURNAS

Colletidae es una de cuatro familias (junto con Andrenidae, Halictidae y Apidae) que tiene especies de costumbres nocturnas, o mejor dicho, crepusculares, tanto al amanecer como al atardecer, a diferencia del resto de abejas que son activas durante las horas de sol. Para poder ver en estas condiciones, poseen unos ocelos (ojos simples) muy grandes; y tanto estos ojos simples como los compuestos son más sensibles de lo habitual a la luz de baja intensidad. Esta nocturnidad les proporciona ciertas ventajas, ya que evitan a depredadores que están activos de día, además de tener acceso a algunas flores nocturnas.

La familia Colletidae está representada en Europa por los géneros *Colletes* (en la foto, un ejemplar de *Colletes*: abeja de yesero) e *Hylaens*.

IDIFICACIÓN

s abejas de la familia Colletidae son solitarias o semigregarias, y se pueden dividir en dos grupos según sea
sustrato en el que nidifican: unas, las más numerosas, construyen túneles en el suelo, y suelen ser robustas
peludas; otras prefieren anidar en el interior de tallos, refugios abandonados de otros insectos o cavidades
eexistentes en troncos y ramas de árboles de madera blanda, y suelen ser más pequeñas y lampiñas.

s nidos bajo el terreno se encuentran en superficies planas o taludes. La entrada varía considerablemente
gún la especie pero, en general, suelen tener un túnel principal ramificado en varios secundarios que des-
mbocan en las celdas. En función de las especies, puede haber de una a 10 habitaciones de cría; en el interior
e cada una ponen un solo huevo sobre la provisión de polen y néctar. Aunque son solitarias, suelen formar
andes agregaciones.

ABEJA MINERA DE PRIMAVERA
(Colletes cunicularius)

Estas abejas pertenecen al género *Colletes*, subfamilia Colletinae, y están muy extendidas en
Europa. De tamaño relativamente grande (13-17
milímetros) en comparación con otras Colletes,
poseen largos pelos de color dorado que cubren
cabeza, tórax y abdomen, siendo los machos más
pequeños y pálidos. Construyen su nido en suelos
arenosos; la entrada recuerda a una madriguera
de conejo en miniatura (de ahí su nombre *cunicularius*, ya que *cuniculus* significa conejo en latín).
El refugio consta de una galería vertical subterrá-
nea de unos 30 centímetros de longitud con siete
u ocho corredores perpendiculares que finalizan
cada uno en una celda de cría. Allí crecerá y pa-
sará el invierno en estado adulto (tras haber realizado la metamorfosis) la nueva generación, que
emergerá en cuanto las temperaturas sean pro-
picias.

Estudios recientes han demostrado que las feromonas sexuales que desprenden las hembras
de esta especie para atraer a los machos difie-
ren de una región a otra, a modo de «dialecto»
(recordemos que principalmente se comunican
mediante el olfato). Sin embargo, esto a veces
es innecesario, ya que a menudo anidan en grandes agrupaciones y cuando las hembras salen
por primera vez de sus celdas se pueden formar
sobre ellas bolas de apareamiento, en las que
muchos machos intentan copular con la recién
emergida.

HYLAEUS VARIEGATUS

Clasificada en el género *Hylaeus* de la subfamilia
Hylaeinae, es una abeja pequeña (entre seis y siete
milímetros y medio de longitud) y bastante colorida,

ya que la cabeza es negra con manchas color cre-
ma, que varían en cada individuo, al igual que las
patas y el tórax, mientras que el abdomen es rojizo.
Las hembras son algo más grandes que los machos.
Son generalistas y se alimentan de una gran diversidad de flores, especialmente umbelíferas (hinojo,
anís, zanahoria) y leguminosas (alfalfa, altramuz).

Hylaeus variegatus es una abeja generalista que se
alimenta de una gran diversidad de flores.

Anidan en estructuras con forma tubular, principalmente tallos huecos o con médula blanda
como cañas, juncos, zarzas o cardos, aunque
también pueden aprovechar agujeros en la madera muerta o hacerlo en el suelo. Las hembras
carecen de escopas o vello para recoger el polen, por lo que lo transportan en su buche y lo
regurgitan para abastecer a las crías. Una vez
puesto el huevo, sellan el nido con un tabique
membranoso. Los huevos eclosionarán en unos
días, mientras que el desarrollo larvario necesitará varias semanas.

FAMILIA HALICTIDAE

Es la segunda familia más numerosa, solo superada por Apiae, por lo que sus representantes son muy diversos entre sí, tanto físicamente como en lo referente a sus costumbres. Los tamaños oscilan entre los 3 y los 20 milímetros y aunque la mayoría son delgadas, también las hay robustas.

También hay una amplia variedad de colores: oscuras con o sin brillos metálicos, ocres, verdes, azules, rojas o púrpuras; algunos machos lucen marcas amarillas en la cara y muchas tienen bandas más claras en el abdomen. Es un grupo abundante y cosmopolita que se encuentra en todo el mundo, pero especialmente en las regiones templadas. Suelen alimentarse de diferentes especies de flores.

NIDIFICACIÓN Y SOCIABILIDAD

Los miembros de esta familia hacen sus nidos en el suelo, u ocasionalmente entre la corteza de troncos secos. Suelen constar de una galería vertical de la que se ramifican varias laterales que conducen a las celdas. Una de las principales características de esta familia es que sus representantes pueden mostrar distintos grados de sociabilidad.

Hay halíctidos estrictamente solitarios. Otros son comunales, ya que anidan formando agrupaciones o comparten la misma entrada a los nidos; luego cada individuo posee su túnel específico. Existen también en esta familia abejas semisociales, entre las que se produce cooperación en el cuidado de la nidada; además, algunas hembras ejercen de reinas y ponen huevos, mientras sus hermanas se comportan como obreras y rara vez ovopositan. Por último, unas cuantas son eusociales (el nivel más alto de organización), aunque en un grado más primitivo que la abeja melífera, ya que no existen diferencias morfológicas entre la reina y las obreras. Sin embargo, sí hay división de tareas por castas y, a diferencia de las semisociales, las obreras son hijas de la reina, no hermanas, por lo que se produce superposición de generaciones (larvas, hijas adultas y reinas). Generalmente al principio de la temporada, la reina eusocial pone varias tandas de huevos de obreras y, más adelante, de hembras fértiles y machos. Algunas especies pueden incluso cam-

EUSOCIALIZACIÓN

El término «eusocial» fue introducido en un artículo publicado en 1966 por Suzanne Batra, entomóloga estadounidense especializada en el estudio de las abejas. Recurrió a él para describir el comportamiento de anidación de algunos miembros de la familia Halictidae.

Las termitas son otro grupo de insectos eusociales que construyen nidos con arcilla que sobresalen del suelo, a veces tan grandes y aparatosos que se denominan «termiteros catedrales».

Larvas de abejas *halictidae* tratando de salir de la celda una vez formadas.

Un ejemplo de coloración metálica de una abeja *halictidae*.

granos de polen sean expulsados, cayendo sobre el cuerpo del insecto, que repetirá la misma acción en otra planta.

SUBFAMILIAS

El grupo Halictidae está dividido en cuatro subfamilias: *Halictinae, Rophitinae, Nomiinae y Nomioidinae*; entre todas suman más de 3000 especies conocidas.

ABEJAS ALCALINAS (NOMIA MELANDERI)

A simple vista pueden parecerse a una abeja melífera, pero son algo más pequeñas y lucen en el abdomen unas bonitas franjas amarillas iridiscentes.

biar entre ser sociales o solitarias dependiendo de su circunstancia: época del año, altitud, situación geográfica y, seguramente, otros factores que aún son desconocidos.

OTRAS PECULIARIDADES

En algunos países las abejas halíctidas son conocidas como «abejas del sudor» por el hábito de unas cuantas especies de posarse sobre las personas cuando están transpirando, con el fin de obtener sales minerales. *Halictidae* también tiene miembros crepusculares o nocturnos (al igual que *Andrenidae*, *Colletidae* y *Apidae*), para lo que han desarrollado ojos grandes y sensibles.

Dentro de esta familia existen cleptoparásitos o abejas cuco, que ponen sus huevos en los nidos de otras especies, principalmente halíctidos. Estos individuos son muy poco peludos, ya que ni hacen nido ni necesitan recoger polen, por lo que pueden parecer avispas. El género más conocido es *Sphecodes*, unas abejas negras de abdomen rojo que se cuelan en las celdas ajenas cuando ya están aprovisionadas de polen y néctar, se comen el huevo que hay y en su lugar depositan uno suyo.

Muchos halíctidos, y también otras especies como los abejorros, muestran un comportamiento llamado de «sonicación» o polinización por zumbido que, como ya hemos visto, consiste en que la abeja sujeta la estructura masculina de la flor (antera) con sus mandíbulas, y al contraer los músculos torácicos, produce una vibración que hace que los

Abeja *halictidae* con coloración verde metálica.

Abeja *halictidae* de tonalidades oscuras.

Un estudio sobre la polinización del melón en el que participó la Universidad Complutense de Madrid (UCM) reveló que la abeja melífera no es la principal polinizadora de esta fruta, cuyas flores fueron visitadas por 31 especies diferentes, de las que el 70 % pertenecía a la familia Halictidae, concretamente al género *Lasioglossum*. La investigación, llevada a cabo en Ciudad Real, fue publicada en la revista *Entomological Science*.

Ejemplar de abeja alcalina (*nomia melanderi*) posada en una flor.

Abeja *halictidae* que muestra una coloración iridiscente verdosa.

Nativas del oeste y suroeste de Estados Unidos, anidan en suelos salados o alcalinos (de ahí su nombre), donde pueden formar enormes agregaciones; de hecho, la mayor concentración de nidos de abeja que se conoce era de esta especie: los científicos contaron más de 700 por metro cuadrado.

Las abejas alcalinas son expertas en alimentarse de leguminosas, principalmente flores de alfalfa (*Medicago sativa*), que requieren una técnica especializada debido a su compleja estructura. Durante años los agricultores norteamericanos se beneficiaron, casi sin darse cuenta, de la labor de estas abejas; pero cuando se empezaron a arar los campos destruyendo con ello sus nidos, y a utilizar

pesticidas, la población de abejas cayó en picado y con ellas los rendimientos de la alfalfa. Al percatarse de la situación, los agricultores abandonaron dichas prácticas y cambiaron de estrategia, aprendiendo a crear el ambiente idóneo para que estos insectos críen cerca de los cultivos.

MEGALOPTA GENALIS

Megalopta genalis es una abeja verde metálica que anida en la madera muerta y es nativa del centro y sur de América. Se trata de una de las varias especies que han cambiado sus hábitos diurnos por otros crepusculares y nocturnos, y salen a recolectar alimento después del atardecer y antes del amanecer.

Estas abejas pueden elegir tener un comportamiento tanto solitario como social. En este último caso la colonia generalmente está formada por una madre-reina y una hija-obrera. La primera es la encargada de poner huevos y se queda en casa, mientras que la hija, cuyos ovarios no se desarrollan, es quien sale en busca de comida.

Debido a esta peculiar posibilidad, la especie ha sido elegida por el Instituto Smithsoniano de Investigaciones Tropicales de Panamá para estudiar la influencia de los comportamientos sociales en el desarrollo del cerebro. Los resultados demostraron que la región del cerebro responsable del aprendizaje y la memoria es más grande en las reinas sociales que en las solitarias por lo que, según los científicos, las interacciones sociales estimulan el desarrollo de la cognición.

Primer plano de una *Megalopta genalis* donde se aprecia el verde metálico característico.

FAMILIA MEGACHILIDAE

Esta familia agrupa abejas solitarias con una gran disparidad de tamaños, colores y pilosidades. En general suelen ser robustas, con cabeza grande y lengua larga (hasta 10 milímetros), pero además poseen algunos rasgos que las diferencian claramente del resto de familias.

Abeja *Megachilidae* sobre una rama.

Por un lado, cuentan con llamativas mandíbulas, a las que hace referencia su nombre científico, ya que este procede del griego *mega* que significa «grande» y *kheilos* o *cheilos*, que quiere decir «labios», lo que se podría traducir como «mandíbulas grandes». Y es que, como veremos más adelante, esta desarrollada parte de su anatomía es fundamental a la hora de construir los nidos. Otra característica distintiva es que carecen de corbículas o cestillos del polen en las patas traseras, por lo que acumulan este proteínico alimento en unos pelos, a modo de cepillo, ubicados en la parte ventral de su abdomen. Su distribución es cosmopolita.

ABEJAS ALBAÑILES

Reciben este nombre los megachílidos pertenecientes al género *Osmia*, debido a que utilizan barro, arena o pasta vegetal masticada para construir el interior del nido. Estas abejas suelen tener colores anaranjados, rojizos, grises y negros, a veces metálicos, con mucha pilosidad. Son unas magníficas polinizadoras de muchos frutales.

Los adultos aparecen en cuanto las temperaturas son templadas y, tras aparearse, la hembra elige la ubicación del nido en una cavidad con forma de tubo. En su interior deja provisiones de alimento y deposita un huevo; acto seguido, construye un muro de separación con barro o vegetales masticados (material del que está hecho el nido), todo ello mezclado con su saliva, y continúa creando celdas hasta llenar el hueco del nido; entonces, sellará la entrada con un tabique exterior más grueso y resistente. La especie Osmia avosetta elabora unos coloridos nidos a base de pétalos de flores pegados con barro.

Abeja del género *Osmia* o albañil.

Abeja del género *Megachile* o cortadora de hojas.

ABEJAS CORTADORAS DE HOJAS

Algunas especies del género *Megachile* son conocidas como «cortadoras de hojas» porque este es el material con el que hacen el nido. Gracias a sus potentes mandíbulas, en unos 10 segundos, van serrando trocitos circulares de hojas que llevarán al nido sujetándolas con las patas. Este suele ser un agujero ya existente en troncos secos o madera; una vez en su interior, las abejas doblarán un poco las hojas para irle dando la forma cilíndrica de la celda. Se piensa que este revestimiento ayuda a prevenir la desecación de la comida destinada a la larva.

Megachile centuncularis, o abeja cortadora de hojas del rosal, es conocida por los daños estéticos que provoca a esta planta, algo ampliamente compensado al tratarse de una magnífica polinizadora. Como también lo es *Megachile rotundata*, conocida como abeja cortadora de hojas de la alfalfa, una especie que, debido a sus costumbres gregarias, se ha conseguido semidomesticar para su explotación comercial y como polinizador de la alfalfa. Nativas del sudeste europeo y suroeste asiático, fueron introducida con este fin en Norteamérica hace 90 años, y más recientemente en otros países, como Australia.

ABEJAS DE LA RESINA

Dentro del género *Megachile* existen abejas que no utilizan hojas para formar las celdas; para ello, recogen la resina seca de las plantas, raspándola con la boca y haciéndola rodar por el tronco hasta conseguir formar una bola, que acarrean en sus mandíbulas hasta el nido.

A este grupo pertenece *Megachile pluto* o abeja de Wallace, la más grande del mundo. Descubierta en Indonesia en 1859, se la consideró desaparecida has-

ta 1981, cuando fue vista por un grupo de científicos; no se volvería a saber de ella hasta 2019, cuando tres biólogos volvieron a encontrarla y consiguieron tomar las primeras fotografías de un ejemplar vivo. Las hembras miden 38 milímetros de longitud; los machos 23, con una envergadura alar de hasta 64 milímetros y unas descomunales mandíbulas. Esta especie hace sus nidos dentro de colonias activas de termitas.

Otra especie de gran tamaño es la abeja gigante de la resina, *Megachile sculpturalis*, que alcanza los 25 milímetros. Autóctona de China y Japón, se ha convertido en invasora en Europa y Estados Unidos, al haber sido introducida involuntariamente a través del comercio de madera desde Asia. Tiene un tamaño similar a la avispa asiática (*Vespa velutina*) pero se diferencia claramente de esta por la pilosidad de su cuerpo y sus hábitos, ya que la avispa se alimenta de otros insectos, como las abejas melíferas. Se han registrado muy pocos casos de competencia directa de esta abeja gigante con otras nativas y, aunque nos puede picar si se siente amenazada, es muy difícil que esto ocurra, ya que de ella depende el nido, y por lo tanto su descendencia.

Abeja de la resina.

ABEJAS CARDADORAS

Las representantes del género *Anthidium* son llamadas «abejas cardadoras» porque recogen fibras vegetales para hacer unos confortables nidos. Muchas de ellas raspan con sus mandíbulas los tallos y el envés de las hojas, obteniendo una especie de pelusa con la que forrarán las celdas. Anidan en la madera, bien en nidos abandonados de abejas carpinteras o en orificios de insectos xilófagos como las termitas. Son negras y amarillas, con cierto parecido a las avispas; los machos defienden activamente su territorio, expulsando a cualquier intruso que se acerque demasiado al mismo.

CICLO VITAL Y NIDIFICACIÓN

Tras la cópula y una vez encontrado el lugar idóneo para hacer el nido, diferente según la especie, la hembra construye una celda que aprovisionará con polen y néctar, pondrá un huevo en ella y la sellará para, a continuación, comenzar con la siguiente.

A las pocas semanas nace la larva, que consumirá el alimento y, tras varias mudas, se envuelve en un capullo para realizar la metamorfosis. Algunos pueden hibernar antes de transformarse en adultos, que emergen en primavera (los machos, normalmente más pequeños, salen antes que las hembras) para reproducirse y repetir el ciclo.

Las colonias se construyen en diversos lugares: dentro de ramas, cañas secas, cavidades naturales estrechas, madrigueras abandonadas o huecos en la tierra, incluso en conchas de caracol o cerraduras en desuso. En su interior, la hembra va tabicando las celdas con múltiples materiales, según la especie: pulpa de hoja o madera, barro, resina, grava, hojas cortadas o fibras vegetales.

Anthidium manicatum o abeja cardadora de lana europea.

Una de las especies más conocidas es *Anthidium manicatum* o abeja cardadora de lana europea. Introducida accidentalmente a finales de la década de 1960 en Nueva York, desde donde se extendió por todo el continente. Está considerada como la especie más ampliamente distribuida del mundo. Se cree que su tendencia a anidar en agujeros existentes, junto con la creciente globalización, la ha convertido prácticamente en una abeja cosmopolita.

Y TAMBIÉN ABEJAS CUCO

Como es habitual en la mayoría de familias de abejas, Megachilidae también tiene especies cleptoparásitas o «cuco», que se aprovechan de los nidos de otros miembros del grupo, por lo que carecen de escopa para recoger polen.

Por lo general, la hembra se introduce en el nido hospedador justo antes de que se selle y deposita su huevo; si su madre no se ha comido antes el huevo, la larva parásita, al nacer, mata a la larva huésped y se alimenta de la provisión. Suelen ser del mismo tamaño o algo más pequeñas que las especies a las que parasitan.

Abeja cuco.

IMPORTANTES POLINIZADORES

Los megachílidos carecen de cestillos en sus patas para el transporte del polen, por lo que las hembras utilizan para ello la pilosidad ventral, donde van pegando dicho polvillo ayudándose con sus patas. Esto la convierte en una de las familias menos eficaces a la hora de extraer el polen, ya que sus representantes tienen que visitar las flores una y otra vez, algo que, irónicamente, los sitúa entre los polinizadores más importantes del mundo. Para aprovisionar una celda de cría, una hembra deberá hacer 10 viajes más que el resto de abejas, con lo que se incrementa notablemente su capacidad para fecundar las flores.

Este comportamiento, unido a su facilidad para aceptar nidos artificiales ha convertido a este grupo en uno de los más importantes para la polinización agrícola y hortícola, por lo que algunas de ellas se han empezado a utilizar comercialmente como alternativa a las abejas melíferas.

Además de la ya mencionada *Megachile rotundata* o abeja cortadora de hojas de la alfalfa, la abeja azul del huerto (*Osmia lignaria*), nativa de Norteamérica, también es explotada comercialmente para polinizar, principalmente, frutales y arándanos.

Pupas de abeja listas para emerger.

CLASIFICACIÓN

Los científicos no se ponen de acuerdo en cuanto a las subfamilias de Megachilidae. Algunos autores reconocen dos familias, Megachilidae y Fideliinae, mientras que para otros hay una tercera, Pararhophitinae.

RHODANTHIDIUM STICTICUM

Estas abejas tienen un tamaño mediano, entre 13 y 20 milímetros, siendo el macho algo mayor que la hembra. Ambos lucen llamativas franjas naranjas sobre fondo negro en el abdomen y sus alas no son transparentes, sino ahumadas. Las hembras poseen bajo el abdomen unas escopas blancas a modo de cepillo. Aunque son solitarias, también pueden formar agregaciones, y gustan de los terrenos calizos, pedregosos y soleados.

Los machos tienen un comportamiento reproductor que podría considerarse agresivo, ya que se abalanzan sobre la hembra cuando está desprevenida. Una vez

Abeja *Rhodanthidium sticticum*.

fecundada, la futura madre buscará preferiblemente una concha de caracol vacía y la forrará con trocitos de hojas, que también utilizará, enrollándolas, como vasijas para almacenar la mezcla de miel y néctar. Suele construir de una a tres celdas. Los adultos emergen en primavera y se alimentan de distintas plantas, sobre todo de cistáceas y labiadas. Se distribuye por Europa suroccidental y el norte de África.

OSMIA CAERULESCENS

Esta especie tiene unas marcadas diferencias morfológicas entre sexos, ya que las hembras son más grandes y de color azul metalizado, con vello blanquecino en la cara y tórax, mientras que los machos se distinguen por lucir un verde metálico, con pilosidad clara en la cara y el abdomen y roja en el tórax.

Utiliza para anidar agujeros perforados por otros insectos en troncos o madera, y es muy adaptable a galerías de distinto tamaño. En su interior, construyen las celdas con material vegetal masticado, depositan la masa de polen y néctar, y encima colocan un huevo. Los adultos emergen a finales de primavera y se alimentan de diversas plantas. Es considerada como un potencial polinizador de leguminosas.

Abeja *Osmia caerulescens*.

FAMILIA MELITTIDAE

Melittidae es una familia reducida y poco común de abejas estrictamente solitarias, por lo que no es demasiado conocida. Además, sus integrantes son bastante discretos, ya que tienen un tamaño de pequeño a moderado, colores oscuros y algunos con bandas pilosas más claras en el abdomen. Su lengua (glosa) es generalmente corta y puntiaguda, pero no está bifurcada.

Históricamente este grupo estaba repartido en cuatro subfamilias: Meganomiinae, Melittinae, Dasypodainae y Macropidinae. Sin embargo, estudios moleculares situaron a esta última como un género dentro de Melittinae. Los investigadores siguen sin ponerse de acuerdo en cuanto a la clasificación, ya que algunos consideran que solo hay dos subfamilias: Dasypodainae y Melittinae.

Sea como fuere, parece que se trata de las abejas más antiguas del mundo; de hecho, el ejemplar fosilizado en ámbar encontrado en Birmania, *Melittosphex burmensis,* que data de hace unos 100 millones de años, pertenece a esta familia. Se ha comprobado también que los melítidos tienen una tasa de extinción muy baja en comparación con otros himenópteros, pero a su vez es pobre en variedad.

Diversas vistas de la fisonomía de una abeja macho *Dasypoda hirtipes.*

Esto último posiblemente se deba a que muchos melítidos son bastante específicos en cuanto a su fuente de alimento, lo que complica la diversidad.

DISTRIBUCIÓN

Prefieren los climas cálidos y secos, por lo que viven en las zonas templadas del hemisferio norte y en África, especialmente en Etiopía, donde se halla la mayor diversidad de melítidos. Están ausentes en América del Sur y Australia.

Incluimos en la familia *Melittidae* las subfamilias:

- Dasypodainae
- Meganomiinae
- Melittinae

Abeja petrolera: *Macropis sp.*

Meganomiinae. Se diferencian de todas las demás Melittidae por su tamaño más bien grande (10-22 milímetros) y porque lucen manchas de color amarillo en el cuerpo. Viven en climas áridos y su área de distribución se reduce a África. Hasta 2013 fueron consideradas como una familia independiente, pero los estudios que se realizaron entonces demostraron que se trata de una subfamilia.

Dasypodainae. En general son de tamaño medio y muy peludas. Las hembras poseen un gran cestillo o escopa para recoger el polen, consistente en unas brochas de pelos en su tercer par de patas. Suelen alimentarse de un número limitado de plantas, es decir, son oligolécticas.

Habitan regiones templadas de África y del hemisferio norte, preferiblemente en climas secos o áridos.

Melittinae. Las abejas de esta subfamilia miden entre 7 y 15 milímetros, y son generalmente oscuras, salvo el género *Macropis*, cuyos machos tienen unas llamativas marcas amarillas en la cara. Las representantes de este género viven en zonas húmedas o cercanas a cursos de agua donde crecen las plantas de Lysimachia (prímulas), de cuyas flores recogen el aceite. Para ello, las hembras tienen algunas adaptaciones morfológicas, como unos pelos especiales en las patas delanteras. También se encuentra en África y zonas templadas del hemisferio norte.

REPRODUCCIÓN Y NIDIFICACIÓN

Los representantes de este grupo completan su desarrollo en un año. Los machos emergen del suelo unos días antes que las hembras, a las que esperan en las flores cercanas para aparearse. Una vez fecundadas, las hembras cavan el nido con galerías laterales que conducen a las cámaras de cría, donde almacenarán el polen formando una bola y después pondrán un huevo en la parte superior. Las celdas normalmente no tienen ningún recubrimiento, salvo en el caso de las integrantes del género *Macropis*, que las embadurnan de aceite floral. Estas abejas acuden a flores que producen aceites (en concreto las del género *Lysimachia* o prímulas), que los insectos recogen y utilizan para recubrir y aislar las cámaras de cría, además de mezclarlos con polen y néctar para alimentar a las larvas.

Abeja Melittidae emergiendo del suelo tras completar su desarrollo.

FAMILIA STENOTRITIDAE

Es el menor de todos los grupos de abejas, con solo 21 especies repartidas en dos géneros, *Ctenocolletes* y *Stenotritus*, todas ellas exclusivas de Australia. Antes de 1980, este grupo era considerado una subfamilia de Colletidae; sin embargo, los análisis realizados revelaron importantes diferencias entre ambos, situándolos en una categoría hermana. Aunque la boca es parecida en ambas familias, los estenotrítidos tienen la lengua corta, gruesa y redondeada.

Además, sus integrantes se diferencian de todas las demás abejas por tener los ocelos (ojos simples) situados más en la parte frontal, cerca de la base de las antenas, que en la parte superior como es habitual. En general son abejas grandes, con una longitud corporal de unos 14 a 20 milímetros. El cuerpo es robusto y muy peludo, y sus colores pueden ser negros, a franjas amarillas y negras o de un verde metálico brillante. A primera vista, algunas de sus especies se pueden parecer a una abeja melífera, pero de mayor tamaño.

Estos insectos solitarios se caracterizan por su veloz vuelo. Los machos son ruidosos y muy territoriales mientras buscan una pareja, por lo que no dudan en perseguir y expulsar a cualquier intruso, sea de su misma especie o no, que atraviese sus dominios. Las hembras, por su parte, anidan en el suelo. El orificio de entrada de sus refugios suele tener una «puerta» de tierra suelta que atraviesan cada vez que salen a recolectar alimento. Son grandes excavadoras. El orificio de entrada conduce a una galería profunda (en algunas especies puede alcanzar los tres metros), con más o menos ramificaciones a uno y otro lado que desembocan en las celdas de cría individuales. Dichas celdillas o habitaciones están revestidas con una secreción que producen las propias abejas para impermeabilizar el habitáculo, algo característico también de los colétidos. Allí depositan una pelota de polen y néctar, y colocan el huevo encima. Este será el alimento durante el estado de larva y hasta que llegue el momento de la metamorfosis, en la cual no hilan capullos.

Los dos grupos de Stenotritidae son similares entre sí. El género *Ctenocolletes* está compuesto por diez especies que se alimentan de diversas flores. La cópula es prolongada y durante la misma, algunas hembras siguen recolectando polen. Sus especies muestran distintos patrones de color. El género *Stenotritus* está integrado por 11 especies que habitan en diferentes áreas, desde las regiones del sur con un clima mediterráneo, pasando por el árido interior y llegando hasta los pastizales y el ambiente tropical del norte. Anidan formando agregaciones, generalmente en alguna ladera. El tamaño de estas abejas oscila entre los 10 y 17 milímetros, y son normalmente de color negro. Construyen sus nidos en arena dura, por lo que estos no son profundos. Se han encontrado células fósiles de una larva perteneciente a este grupo, que datan del Pleistoceno, en la península de Eyre (Australia).

Stenotritus pubescens. Es una abeja negra que luce bonitos reflejos iridiscentes. Solamente se alimenta de flores de eucalipto, normalmente en verano y casi siempre a primera hora de la mañana. Los machos, con su potente zumbido, son los más madrugadores; luego aparecen las hembras. Estas construyen un nido de 28 a 32 centímetros de profundidad, con las celdillas revestidas de un barniz transparente y ceroso.

CTENOCOLLETES SMARAGDINUS

La abeja excavadora verde debe su nombre científico a la palabra latina *smaragdus* («esmeralda»), ya que esta abeja luce un llamativo color verde metálico con algunas zonas azules o moradas. Llegan a alcanzar los 19 milímetros y tanto la cabeza como el cuerpo y las patas están recubiertos con pelillos blancos. Las entradas de los nidos son muy discretas y suelen pasar desapercibidas, pero en su interior las hembras pueden excavar hasta casi dos metros de galerías. Viven en terrenos arenosos donde polinizan varias flores autóctonas. Las poblaciones de esta abeja han disminuido notablemente debido al desbroce de tierras para convertirlas en campos de cultivo de trigo.

Apis
MELLIFERA

ESPECIES Y SUBESPECIES

Si nos centramos solamente en abejas melíferas del género Apis, las que se manejan en apicultura, también existen diferencias entre ellas, ya que hay distintas especies y, dentro de cada una, varias razas o subespecies, generalmente asociadas a regiones concretas del mundo. Por ello, tienen características particulares en función de las adaptaciones al medio donde viven: más dóciles o agresivas, más resistentes al frío o al calor..., aunque todas son genéticamente próximas, por lo que se pueden hibridar entre sí.

Hay dos especies principales utilizadas en apicultura debido a su comportamiento y alta productividad: *Apis mellifera*, o abeja doméstica común, y *Apis cerana*, o abeja melífera oriental. La primera de ellas es la especie más extendida y se encuentra de forma natural en Europa, África y parte de Asia, aunque también ha sido introducida en América y Oceanía. Por su parte, *Apis cerana* está presente en el sureste asiático. Fue la portadora original de uno de los peores enemigos de estos insectos: el ácaro varroa, ante el que presentan buena resistencia gracias a unos desarrollados comportamientos de higiene, algo que de momento no ha ocurrido con otras especies. Utilizada también en apicultura, generalmente sus colmenas son menos numerosas y sus rendimientos más escasos, por lo que está siendo sustituida por razas importadas de *Apis mellifera*.

Otra especie destacada es la también asiática *Apis dorsata*, un poco más grande que las anteriores y también más defensiva. Se caracteriza por construir grandes panales a unos 40 metros de altura y en zonas expuestas, como partes altas de árboles, acantilados o edificios, por lo que es prácticamente imposible su manejo en colmenas. Algo parecido ocurre con *Apis florea*, aunque esta fabrica nidos pequeños en arbustos bajos. Ambas son propensas a las migraciones, a veces recorriendo distancias considerables, lo que puede suponer una defensa contra parásitos y depredadores.

OTRAS ESPECIES CONOCIDAS

Apis laboriosa (asiática)
Apis koschevnikovi (asiática)
Apis nuluensis (asiática)
Apis nigrocincta (asiática)
Apis andreniformis (asiática)

ÁCAROS VARROA

A la izquierda y en el centro, ácaros del género Varroa, parasitarios de abeja, en una larva. A la derecha, aplicación en una colmena de ácido oxálico en una solución de agua que mata a los ácaros varroa.

SUBESPECIES DE APIS MELLIFERA

Apis mellifera tiene 23 razas distribuidas por Europa y África. Las africanas son algo más pequeñas y sensibles al peligro. No dudan en salir del nido para defenderlo, por lo que se las considera más agresivas. Por su parte, las cuatro subespecies europeas más conocidas son:

• ABEJA NEGRA EUROPEA (*Apis mellifera mellifera*) Es de color marrón muy oscuro y relativamente pequeña. Se adapta bien a las condiciones geográficas y climáticas, aunque puede ser algo nerviosa. Esta raza fue introducida en América por los colonos europeos en el siglo XVII.

• ABEJA ITALIANA (*Apis mellifera ligustica*) De origen italiano, tiene un color marrón claro o amarillento con franjas claras y oscuras en el abdomen. Bastante tran-

quila y dócil, está muy extendida y es la más popular entre los apicultores. En Australia representa más del 75% de las colmenas; en China fue introducida hace unos 20 años y ha ido sustituyendo a la abeja local, *Apis cerana*. Prefiere el clima mediterráneo y es el blanco de la gran mayoría de cruzamientos, por lo que todos los híbridos actuales tienen parte de ella.

• ABEJA CARNIOLA (*Apis mellifera carnica*) Procedente de los Alpes austriacos, es de color marrón o grisáceo. Conocida por su docilidad y mansedumbre, tiene una enorme tendencia a la enjambrazón (división de la colonia original para crear otras nuevas). Debido al pequeño tamaño del nido de hibernación, es muy económica en lo referente a su consumo de alimento, incluso en condiciones climáticas desfavorables, por lo que soporta el invierno mejor que otras razas.

Apis dorsata.

Abeja de miel europea.

Apis mellifera caucasica.

Apis mellifera iberica.

- ABEJA CAUCÁSICA (*Apis mellifera caucasica*) Esta abeja de color oscuro con bandas grises en el abdomen se asemeja a la Carniola. Son mansas, tranquilas y un poco más longevas que otras razas. Además, resultan más resistentes a condiciones climáticas desfavorables.

- ABEJA IBÉRICA (*Apis mellifera iberica*) También conocida como abeja española, es una subespecie de la península ibérica. Tiene un color oscuro y no enjambra con facilidad, aunque su comportamiento es algo nervioso y agresivo.

Entre estas razas se han producido numerosas hibridaciones, tanto naturales como artificiales (de la mano del hombre) con objeto de incrementar su fortaleza y productividad.

ABEJAS AFRICANIZADAS

En la década de 1950, investigadores brasileños intentaron establecer un programa de mejoramiento genético destinado a crear abejas más productivas y mejor adaptadas al clima tropical de su país, con el fin de obtener una mayor cantidad de miel que con la abeja europea, única utilizada hasta entonces en apicultura. Tras muchos estudios se decidió importar a la especie africana *Apis mellifera scutellata*, cuya conocida agresividad pensaban combatir mediante cruzamientos con las mansas europeas.

Sin embargo, parece ser que debido a un accidente en el laboratorio, se escaparon varias reinas africanas sin fecundar y algunos zánganos que se cruzaron sin ningún control con las abejas de la zona, produciendo una nueva especie: la abeja africanizada. Estas nuevas abejas han logrado colonizar más de 20 países en el continente americano, reemplazando a las poblaciones de abejas europeas en una de las invasiones biológicas más rápidas y espectaculares que se conocen.

Las abejas africanizadas son más pequeñas, por lo que tienen un desarrollo más rápido; las reinas son extremadamente prolíficas y las colonias poseen una enorme tendencia a enjambrar, ya que una sola colonia puede originar más de ocho nuevas poblaciones al año, mientras que las europeas como mucho se dividen una o dos veces. Además, son más resistentes a ciertas enfermedades. Hasta la fecha han acabado con la vida de un centenar de personas ya que, aunque su veneno no es diferente del de las europeas, las picaduras se producen por miles y en un corto espacio de tiempo, lo que ocasiona que inoculen una elevada cantidad de toxinas, ganándose el apodo de «abejas asesinas».

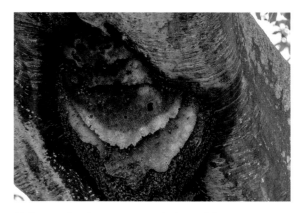

Colmena de abejas en un árbol en el Parque Nacional Tarangire, en Tanzania.

ORIGEN DE LA APIS MELLIFERA

Hasta hace muy poco se creía que la abeja doméstica (*Apis mellifera*) procedía de África, debido a que esta especie no se encuentra en Asia; sin embargo, recientemente se ha descubierto que es más probable que descienda de un antiguo linaje que llegó desde el continente asiático hace unos 300 000 años. Según el estudio genético realizado por investigadores de varios países y publicado en la revista Nature Genetics, estos insectos se adaptaron rápidamente a las condiciones de sus nuevos territorios, Europa y África, hasta convertirse en indispensables gracias a su trabajo como polinizadores.

Parece ser que las abejas pusieron rumbo al oeste atravesando Oriente Próximo y adentrándose en el continente africano, donde seguramente coincidieron con los primeros homínidos. Algo más tarde, conquistaron el continente europeo y tuvieron que hacer frente a las grandes glaciaciones. Se cree que hace unos 150 000 años las abejas ya se extendían por el sur de Europa, y tras el último periodo gélido (aproximadamente 10 000 años atrás) ampliaron su territorio progresivamente hacia el norte. En la península ibérica existen pinturas rupestres que muestran la coexistencia entre humanos y abejas, como es el caso de las cuevas de la Araña en la localidad valenciana de Bicorp, que se ha convertido en un símbolo de la iconografía apícola.

ADAPTACIONES

Al proceder de climas tropicales y subtropicales, tuvieron que adaptarse a las oscilaciones térmicas de los climas templados, para lo que desarrollaron distintas estrategias: seleccionaron cavidades protegidas (oquedades en árboles o entre rocas) para establecer sus nidos, formaron colonias más numerosas y con más panales para un mayor acopio de alimento de cara al invierno, y perfeccionaron la termorregulación de las mismas.

La morfología de estos insectos parece no haber cambiado mucho a lo largo de la historia y, aunque se desconoce el grado de organización social de las primeras abejas melíferas, se presume que ya habían iniciado este comportamiento, que ha ido evolucionando hasta alcanzar la complejidad de las colonias actuales, en las que las feromonas juegan un papel decisivo en el altruismo llevado a cabo por las obreras respecto a la reina.

DIVERSIDAD GENÉTICA

En el mencionado estudio, realizado con la última tecnología genética y dirigido por un profesor de la universidad sueca de Upsala, se analizó el genoma de abejas de 14 poblaciones distintas, encontrando un nivel sorprendentemente alto de diversidad en todas ellas. A diferen-

LOS LINAJES DE LAS ABEJAS MELÍFERAS

Los distintos linajes de abejas melíferas son fruto de una clasificación filogenética, que se lleva a cabo mediante el análisis del ADN. El término «filogenia» deriva del griego *phylom* que significa «raza o de estirpe», y *gennam*, que quiere decir «dar origen, engendrar o producir». Se podría decir que es la reconstrucción de su historia evolutiva para establecer parentescos. Siguiendo esta división, se agrupan en cinco linajes:

- Linaje C. Grupo Carniola (destacan *Apis mellifera ligustica* y *Apis mellifera carnica*).
- Linaje M. Grupo Mediterráneo (destacan *Apis mellifera iberica*, *Apis mellifera mellifera*).
- Linaje A. Grupo Africano (*destacan Apis mellifera adamsonii*, *Apis mellifera capensis* y *Apis mellifera scutellata*).
- Linaje Y. Grupo noroeste africano. Etiopía (*Apis mellifera yemenitica*).
- Linaje O. Grupo Medio Oriente (destaca *Apis mellifera caucasica*).

Panal de abejas silvestres, probablemente *Apis mellifera*, en roca caliza.

cia de lo que ha ocurrido con otros animales domésticos, la gestión humana de las abejas parece que ha fomentado la variedad genética de las mismas, al mezclar especies de diversas partes del mundo con el fin de obtener ejemplares manejables y productivos.

Conocer el origen y la evolución de las abejas es importante para poder entender cómo se han ido adaptando a lo largo de su historia a diferentes ambientes y amenazas, para así poder ayudarlas ahora. El cambio climático es uno de sus mayores enemigos ya que, como todos los insectos, son muy sensibles a él. Durante los pasados periodos de glaciación, las poblaciones de abejas europeas disminuyeron notablemente, mientras que las de las africanas se expandieron. Puede que ahora ocurra lo contrario.

Ejemplar del linaje C. Grupo Carniola (*Apis mellifera carnica*).

El ser humano ha propiciado la variedad genética de las abejas con trabajo de laboratorio.

ESTUDIOS Y DESCUBRIMIENTOS CIENTÍFICOS

- Según un estudio de la Universidad de Newcastle, en el Reino Unido, las abejas también pueden mostrar una «actitud pesimista». Las científicas que lo llevaron a cabo han comprobado que las respuestas emocionales de estos insectos son más parecidas de lo que se creía a las de los humanos. Para la investigación simularon que un depredador estaba atacando las colmenas, y se dieron cuenta de que las abejas estresadas mostraban una mayor expectativa de malos resultados, es decir, veían el vaso medio vacío, ya que se detectaron en ellas niveles alterados de ciertos neuroquímicos (dopamina, serotonina y octopamina) asociados con la depresión. Esto demuestra que hay más similitudes entre estos pequeños animales y los vertebrados de lo que pensábamos, aunque no significa necesariamente que sus emociones sean igual de intensas que las nuestras.

- En otro descubrimiento que puede cambiar nuestra forma de ver a estos insectos, científicos neozelandeses han encontrado más similitudes entre la actividad cerebral de las abejas y el ser humano. El estudio reveló que las oscilaciones alfa (ondas eléctricas generadas por el cerebro) asociadas con la atención, la memoria y la conciencia, tienen propiedades parecidas a las del ser humano. Para ello se trabajó con abejas en colmenas al aire libre, a las que se conectaron unos electrodos para medir su actividad cerebral comprobando, por ejemplo, cómo asocian los colores con los alimentos. El cerebro de las abejas (que tiene un millón de neuronas, por los casi cien mil millones de una persona adulta) lleva décadas siendo objeto de estudio y se sabe, entre otras cosas, que aprenden muy rápido a reconocer los diferentes aromas de las flores, que tienen cinco fases de memoria y pueden distinguir algunos números. Además, se ha llegado a la conclusión de que en su cerebro el calcio actúa como un interruptor que transforma la memoria a corto plazo en memoria a largo plazo, por lo que cuanto más calcio tengan, más se fomenta su capacidad de aprendizaje.

INSECTOS SOCIALES Y VIDA EN LA COLMENA

Los insectos fueron los primeros animales en colonizar tierra firme. Se han encontrado fósiles que datan del Devónico, hace 400 millones de años. Casi todos sus representantes son solitarios, únicamente se relacionan con otro miembro de su especie durante la época de apareamiento y, tras poner los huevos junto a una reserva de alimento, generalmente mueren.

Una parte de ellos fue evolucionando a través de largos periodos de tiempo. Se cree que pudieron atravesar distintas etapas en las cuales, paulatinamente, empezaron a cuidar sus larvas durante algún tiempo para, más tarde, compartir el nido, primero sin interacción y luego cuidando a la prole de manera cooperativa, siendo todas las hembras fértiles. En un grado mayor de sociabilidad, pasaron a convivir varias hermanas pero solo una actuaba como reina y ponía huevos, mientras que el resto realizaba las tareas de obreras. Por último, la máxima expresión la constituye la eusocialidad, en la que las obreras son hijas y no hermanas de la reina, de manera que existe solapamiento de generaciones y gran longevidad de las reproductoras.

VENTAJAS DE LA VIDA SOCIAL

Los comportamientos sociales de los insectos son relativamente recientes, ya que el primer fósil de termita se sitúa hace unos 200 millones de años, y 100 millones de años después aparecieron los himenópteros (abejas, hormigas y avispas) que, poco a poco, se fueron haciendo dominantes, es decir, tuvieron un mayor éxito evolutivo.

Uno de los motivos de este logro es que las abejas son de los pocos insectos capaces de sobrevivir a los rigores del invierno, gracias a la cooperación en el aprovisionamiento de alimentos y a la existencia de un nido donde protegerse de las inclemencias climáticas. La habilidad de la colonia para movilizar a todas las obreras puede solventar dificultades que serían imposibles para un insecto solitario, como por ejemplo la defensa frente a depredadores grandes o numerosos. Además, mediante la organización social los insectos consiguieron incrementar la tasa de reproducción: mayor número de descendientes y supervivientes, además de alargar la esperanza de vida de la reina.

El comportamiento social hace que una colonia funcione como un superorganismo en el que sus integrantes operan de una manera tan armónica que se comportan como una sola criatura, con sus tareas individuales perfectamente definidas y coordinadas. Cada ejemplar, en sí mismo, carece de valor; solo cuenta la colectividad.

COMO UN CEREBRO

Aunque ya se sabía que las colonias de abejas actúan como un solo ser en el que lo importante es la supervivencia del conjunto, un estudio de la Universidad de Sheffield (Reino Unido) ha descubierto que la colmena se comporta igual que un cerebro humano, es decir, cada individuo funciona como una neurona.

Con el fin de conocer el proceso de toma de decisiones de la abeja melífera (*Apis mellifera*), los investigadores observaron cómo las colmenas se dividían formando enjambres y lo que sucedía antes de decidir dónde ubicar su nuevo nido. Concretamente analizaron la rapidez con que dichos enjambres elegían entre opciones distintas, y conectaron los resultados con varias leyes psicofísicas que se aplican en las decisiones humanas.

Las abejas son más rápidas para tomar una decisión si ambas opciones son de alta calidad, como lo establece la Ley de Piéron, pero son más lentas a medida que aumenta la cantidad de posibilidades, como afirma la Ley de Hick. También se dieron cuenta de que, según la Ley de Weber, cuanta menos diferencia haya entre la calidad de dos opciones, más difícil es elegir. Esto no solo nos dice algo acerca de cómo interactúan estas criaturas, sino que su estudio también podría desvelar numerosos aspectos sobre la toma de decisiones de nuestras propias mentes.

LA VIDA EN LA COLMENA

La colmena está poblada durante todo el año por miles de obreras y una sola reina; en primavera y verano también les acompañan unos cientos de zánganos. Todos ellos se estructuran socialmente de manera muy bien organizada y compleja. Cada animal es una pieza del engranaje que no podría sobrevivir por sí mismo.

LA COLMENA

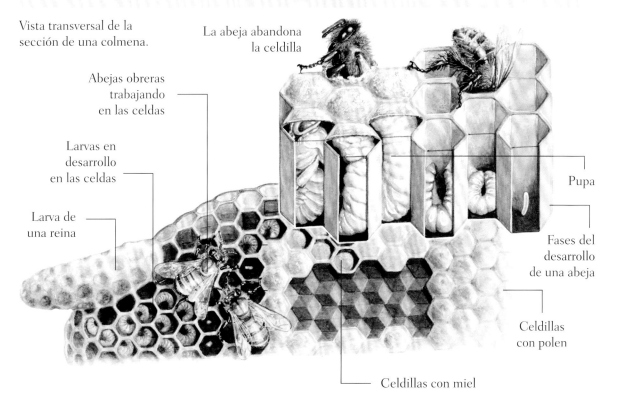

Vista transversal de la sección de una colmena.

La abeja abandona la celdilla

Abejas obreras trabajando en las celdas

Larvas en desarrollo en las celdas

Larva de una reina

Pupa

Fases del desarrollo de una abeja

Celdillas con polen

Celdillas con miel

RECONOCER POR EL OLFATO

Las obreras reconocen a sus hermanas de nido por el olor, segregado por la glándula de Nasanoff, aunque si una abeja ajena se equivoca y llega a la colmena cargada de polen o néctar, la dejan pasar. Las guardianas también pueden desprender su olor (el de la colmena) para que las extraviadas puedan encontrar el camino de vuelta a casa.

Como sabemos, existen tres castas de abejas: reina, obreras y zánganos. La reina es la encargada de poner huevos y, por tanto, de asegurar la supervivencia de la colmena. En el momento álgido de la temporada es capaz de poner un huevo cada pocos segundos, es decir, unos 3000 al día. La reina tiene bajo su mando a entre 30000 y 80000 obreras que, a lo largo de su vida (unos 40 días de media) tendrán diferentes tareas, según su edad.

REPARTO DE FUNCIONES

Nada más nacer, durante tres o cuatro días, se dedican a labores de limpieza, ya que es fundamental mantener en perfectas condiciones higiénicas el panal y dejar las celdillas impecables para que la reina pueda poner huevos en ellas. También desalojan de la colmena posibles cadáveres para evitar hongos e infecciones.

Posteriormente reciben el nombre de nodrizas, ya que desarrollan unas glándulas llamadas hipofaríngeas, encargadas de segregar jalea real, y comienzan a alimentar a las larvas menores de 3 días, así como a la reina. La diferencia entre una larva de obrera y una de reina es que la primera, a partir del tercer día desde su nacimiento, empezará a comer una especie de papilla de polen y miel, mientras que la reina ingerirá jalea real toda su vida, por lo que se desarrollará más rápidamente y tendrá un mayor tamaño.

Durante la tercera semana pasan a realizar labores diversas, como la maduración del néctar para que se convierta en miel, almacenamiento o limpieza. Algunas, las obreras cereras, desarrollan cuatro glándulas en el abdomen que segregan un líquido que al contacto con el aire forma unas placas de cera, que las abejas recogen con sus patas para amasarlas con la mandíbula y construir celdas, repararlas o poner una tapa (opérculo) a las que contienen miel.

Durante todos estos días las obreras permanecen dentro de la colmena, prácticamente a oscuras. En la siguiente etapa, ya empiezan a asomarse al exterior, puesto que cumplen funciones de guardianas. Se sitúan en la entrada de la colmena (piquera), para evitar que cualquier intruso les robe la preciada miel.

La última parte de su vida, a partir de las tres semanas, la pasan visitando las flores, ya que generalmente las más viejas de la colmena son las pecoreadoras, o sea, las recolectoras de néctar, polen, propóleo y agua. Estas «abuelitas aventureras» trabajan incesantemente recogiendo alimento y llevándolo de vuelta a casa; tal es el esfuerzo que realizan que suelen morir por agotamiento. En época buena de recolección, parece que una recolectora puede llegar a los cinco millones de viajes al día, en los que se suelen alejar como máximo 3 kilómetros de la colonia. Es importante señalar que, como todo en la naturaleza, estas fases no son rígidas, pudiendo existir pecoreadoras jóvenes, así como nodrizas viejas.

Pupa de abeja reina, cuidada por obreras.

ATAQUE A LAS COLMENAS

Diversas investigaciones han demostrado que cuando una colmena es atacada por hongos patógenos, las obreras recolectoras llevan a la colonia mayores cantidades de propóleo, ya que esta sustancia tiene propiedades anti fúngicas que ayudan a luchar contra la infección.

Los zánganos o abejas macho tienen como función principal la reproducción, aunque ocasionalmente pueden contribuir a producir calor y repartir néctar. En la colmena viven varios cientos de machos de primavera a otoño, momento en que son expulsados por las obreras y mueren de hambre o frío. Este comportamiento puede parecer cruel, pero responde a la condición de superorganismo de la colmena: se acerca el frío y durante unos meses necesitarán consumir las reservas de miel que acumularon para sobrevivir; los zánganos ya no cumplen ninguna función, puesto que no hay reinas que fecundar, y el alimento que ellos requerirían podría comprometer la supervivencia de toda la colonia.

PERIODO INVERNAL

Cuando comienza el otoño y los panales tienen suficiente miel almacenada para los meses siguientes, la reina comienza a reducir la puesta de huevos, mueren agotadas las obreras viejas y las jóvenes, al no tener que alimentar más larvas, van adquiriendo una mayor fortaleza que redundará en su longevidad (las abejas nacidas a final de verano pueden vivir 6 u 8 meses).

En invierno las abejas se juntan en la zona central del nido, formando un racimo o bola y empiezan a vibrar. El objetivo es mantener la temperatura de la colonia: los individuos del interior de la bola, generan calor hasta unos 25-30 grados centígrados,

LAS ABEJAS DISTINGUEN ESTÍMULOS Y SEÑALES

Según un estudio publicado en la revista *Nature*, las abejas son capaces de comprender, o al menos distinguir, estímulos o señales.

Los científicos llevaron a cabo un experimento en el que se hacía pasar a estos insectos a través de un tubo en forma de Y. Al entrar, recibían una señal de color o un olor determinado; en el punto de bifurcación de la Y una de las vías estaba marcada igual que la entrada, y la otra con diferente color u olor. Enseguida las abejas supieron que el agua azucarada estaba al final del tubo marcado igual que la entrada, incluso aunque cambiasen los colores u olores.

Este experimento también funcionó a la inversa, cuando la recompensa se lograba eligiendo el camino marcado con una señal diferente a la de la entrada.

mientras que aquellos que se encuentran más en la superficie forman una capa aislante, manteniéndose entre 6 y 9 grados. Cada cierto tiempo se produce un cambio de turno, aunque en la periferia se mantendrán las mayores, muchas de las cuales morirán por mantener al resto calientes.

REPRODUCCIÓN Y ABEJA REINA

La reina es la única hembra fértil de la colmena, por lo que su papel es imprescindible para la supervivencia de la misma. Pero su importancia va más allá de la función reproductora, puesto que rige químicamente, gracias a la feromona real, toda la actividad de la colonia.

Celdas de abeja reina en la mano de un apicultor. Cuando las condiciones sean favorables para el enjambre, la reina comenzará a poner huevos.

Físicamente se diferencia bien del resto de abejas por ser más grande y tener un abdomen alargado y patas fuertes. Carece de cestillos para el polen, buche de la miel y glándulas cereras y su corta lengua hace que tenga que ser alimentada por las obreras. Posee un aguijón largo y liso, a diferencia del de sus hijas trabajadoras, por lo que no muere tras clavarlo; únicamente lo utilizará para matar a otras reinas.

Cuando nace una larva destinada a gobernar la colmena es alimentada durante esa primera etapa (6 días) con jalea real, un nutritivo alimento que determina sus características, distintas respecto a una obrera. La celda en la que se cría (llamada realera) es más grande y vertical que el resto, y se asemeja a un cacahuete. A los 16 días de la puesta del huevo y tras realizar la metamorfosis, emerge la reina adulta. Lo primero que hace es buscar las demás realeras para matar a sus ocupantes clavándoles el

Abeja reina rodeada de abejas obreras jóvenes que la apoyan y alimentan.

CICLO DE UNA ABEJA REINA

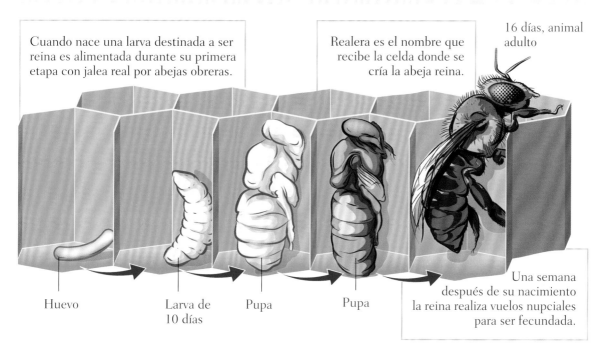

Cuando nace una larva destinada a ser reina es alimentada durante su primera etapa con jalea real por abejas obreras.

Realera es el nombre que recibe la celda donde se cría la abeja reina.

16 días, animal adulto

Huevo

Larva de 10 días

Pupa

Pupa

Una semana después de su nacimiento la reina realiza vuelos nupciales para ser fecundada.

aguijón; si naciesen dos reinas a la vez, se produciría un combate a muerte que decidirá quién se hace cargo de la colonia.

REPRODUCCIÓN

Aproximadamente una semana después, la reina virgen realiza uno o varios vuelos nupciales durante las horas más cálidas del día. Sale volando rápidamente hacia arriba, perseguida por una nube de zánganos. Solo los más veloces, gracias a su buena vista, alcanzan a la reina y copulan con ella para, acto seguido, morir al desprenderse su aparato genital. Los espermatozoides serán almacenados en una bolsa o espermateca que tiene la reina en su abdomen Pueden producirse varios apareamientos, generalmente con machos que no son de su nido y siempre lejos de la colmena, hasta que dicha espermateca esté llena. Esto será suficiente para fecundar todos los huevos que ponga la reina en su vida. Si por cualquier circunstancia la hembra no pudiera reproducirse entre el décimo y el vigésimo día, solo sería capaz de poner huevos de zángano, por lo que la colmena acabaría muriendo.

La reina fecundada tarda unos 30 minutos en regresar a la colmena, de la que no volverá a salir (salvo en caso de enjambrazón). A los pocos días comienza la puesta, tarea que no abandonará hasta su muerte. La reina está rodeada por una corte de jóvenes obreras que la lamen, alimentan y retiran sus excrementos. Recorre continuamente los panales centrales (destinados a la cría) y en cada celda mete la cabeza e inspecciona si está vacía y limpia. Cuando introduce su abdomen en una celda de zángano, pone un huevo sin fecundar, mientras que si lo hace en una de obrera, al tener esta

Macrofotografía de una abeja reina posada sobre una flor de cactus.

TROFALAXIA

La trofalaxia es un mecanismo que utilizan varias especies de insectos sociales para alimentarse unos a otros o transferir feromonas de boca en boca. Se puede producir tanto entre dos adultos como entre un adulto y una larva.

Enjambre de abejas persiguiendo el olor de una reina.

un menor diámetro, la espermateca se comprime, dejando escapar un espermatozoide que fecundará el huevo. La vida de una reina puede tener una duración de entre 3 y 5 años pero, generalmente, a partir del tercero disminuye la puesta.

OLOR A REINA

Pero aparte de ser madre, la reina también se encarga de mantener a la colonia unida. Sus glándulas mandibulares producen un olor o feromona (ácido oxodecenoico) del que se impregnan las obreras al lamerla, para después distribuirlo por toda la colmena mediante trofalaxia. La secreción de esta glándula decrece al hacerse vieja la reina, y también cuando en la colmena existe una gran población, ya que la concentración de esta sustancia por abeja disminuye.

Esta feromona es sumamente importante en la regulación del comportamiento de obreras y zánganos así como de otras reinas. Se encarga de mantener unida la colonia, evita la construcción de realeras e incluso que las obreras se vuelvan ponedoras, al inhibir sus ovarios; en caso de que la reina no regresase de su vuelo nupcial, las obreras podrían poner huevos sin fecundar, con lo que la población de la colmena disminuiría poco a poco hasta desaparecer. La feromona, además, es un atrayente sexual para los zánganos e incita al fratricidio en presencia de otras reinas.

Otro efecto de la feronoma es que actúa modificando el comportamiento de las abejas cereras que, dependiendo del nivel presente en su linfa, construyen celdas de cría grandes o pequeñas: en primavera, elaboran celdillas de obreras; en verano, aumenta la población y la cantidad de feromo-

CICLO DE VIDA DE UNA ABEJA MELÍFERA

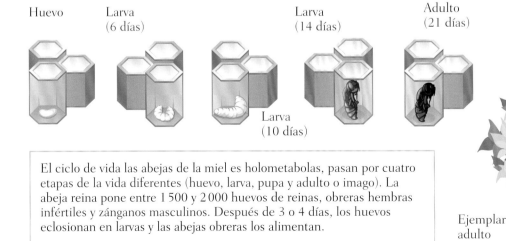

Huevo

Larva
(6 días)

Larva
(10 días)

Larva
(14 días)

Adulto
(21 días)

El ciclo de vida las abejas de la miel es holometabolas, pasan por cuatro etapas de la vida diferentes (huevo, larva, pupa y adulto o imago). La abeja reina pone entre 1 500 y 2 000 huevos de reinas, obreras hembras infértiles y zánganos masculinos. Después de 3 o 4 días, los huevos eclosionan en larvas y las abejas obreras los alimentan.

Ejemplar
adulto

Las abejas obreras pueden criar nuevas reinas.

na real disminuye, por lo que comienzan a hacer cedillas de zángano y nuevas realeras, preparando a la colmena para la enjambrazón.

SUSTITUCIÓN DE LA REINA

Las obreras pueden criar nuevas reinas cuando se produce alguna de las siguientes condiciones: si la reina desaparece o muere repentinamente, o si está demasiado vieja o enferma.

ENJAMBRAZÓN

También se producen reinas en una tercera circunstancia: la enjambrazón o reproducción de la colmena como superorganismo. Es decir, la colonia se divide originando un nuevo enjambre, que se independiza, abandonando el nido para buscar un nuevo emplazamiento en alguna oquedad que ofrezca protección. Las actividades y condiciones que propician la enjambrazón están controladas por la feromona real. Suele ocurrir cuando comien-

Cuando la colonia se divide y origina un nuevo enjambre, nace otra reina.

MIEL

Para almacenar un kilo de miel, las abejas tienen que visitar dos millones de flores. Doce abejas producirán, en toda su vida, una cucharada de miel. La cera es aún más costosa energéticamente, puesto que para obtener un kilo de cera, tienen que ingerir entre 7 y 10 kilos de miel.

Recogida de miel de un panal.

za el momento de mayor floración, ya que el enjambre que abandona el nido necesitará mucho alimento para empezar de cero: construir panales, almacenar alimento y poner huevos.

También en ese momento, ante la abundancia de néctar y polen, aumenta considerablemente la puesta de la reina y, con ello, la población de la colmena. Esto implica una disminución en la concentración de la feromona real, por lo que las obreras empiezan a construir varias celdas reales. Cuando las nuevas reinas están preparadas para emerger, la vigente junto a una parte de las obreras (entre un 50 % y un 90 %) de todas las edades se atiborran de miel, ya que se disponen a abandonar su hogar para construir uno nuevo. Mientras, las abejas exploradoras buscan posibles refugios para la nueva colonia, a la que indicarán su ubicación mediante un baile (la danza de las abejas). Cuando el enjambre ha partido, en la colmena original las obreras permiten a una reina virgen emerger y dirigir la colonia.

La abeja europea enjambra una o dos veces al año, pero la africanizada puede generar una media de cinco enjambres al año.

COMUNICACIÓN

Para que la colmena funcione al unísono, como un solo organismo, es imprescindible una buena comunicación. Pero la cosa se complica si tenemos en cuenta que dentro del nido están a oscuras, por lo que las abejas melíferas europeas han tenido que desarrollar otros tipos de lenguaje, basándose en el olfato (feromonas) y en el tacto.

Abejas volando cerca del panal.

Se podría decir que estos insectos tienen un olor concreto para las distintas cosas que necesitan comunicar: las larvas huelen a «bebé abeja», lo que indica a las obreras nodrizas que tienen que alimentarlas; si una flor ha sido visitada ya y se ha quedado sin néctar, las abejas la marcan olfativamente para indicar a sus compañeras que no pierdan el tiempo en ella porque está vacía; si alguna recolectora se despista volviendo a la colmena, sus hermanas expelen una feromona que marca el camino a casa, y cuando hay un posible depredador, las guardianas despedirán un olor para avisar al resto de la colmena, que saldrá a defenderla. Y, por supuesto, la feromona real que coordina todas las actividades.

Cuando una obrera llega a la colmena con el buche cargado de néctar, es recibida por una o dos abejas jóvenes que lo recogen con sus lenguas para llevarlo a una celdilla de almacenamiento o distribuirlo entre sus compañeras. Una vez ha repartido el alimento, la recolectora se posa en las láminas verticales del panal donde empieza a hacer unos «pasos de baile» y poco a poco es seguida por otras abejas que, tocándola con sus antenas, repiten los mismos movimientos, aprendiendo así su danza y la información que transmite. Pero además, la pecoreadora (la obrera que sale a buscar néctar y polen) deja otra señal: el olor del néctar que ha recogido, el cual indica que esas flores están en su momento óptimo.

Al cabo de unos minutos, las abejas salen de la colmena e irán directamente a las mismas flores de las que obtuvo el néctar la bailarina. Pero, ¿cómo pueden guiarse simplemente por unos movimientos? Resulta que el lenguaje de las abejas está considerado como el sistema de comuni-

ABEJAS Y COMUNICACIÓN

Un ejemplar encuentra una fuente de alimento y lo comunica en el panal.

EL TRABAJO DE LAS ABEJAS

Aristóteles describió el comportamiento de las abejas en su *Historia sobre los animales*, o *Investigación sobre los animales*, que compuso en torno a 343 a. C. Vio que estos insectos necesitan comunicarse para trabajar y describió la existencia de un «jefe» (abeja reina).

Varias abejas la siguen y transportan el polen a la colmena.

ABEJAS BAILARINAS

Existe otra forma de transmitir la información que lleva décadas asombrando a los científicos, el llamado «baile de las abejas».

Ya en el siglo XVIII, Spitzner se dio cuenta de que las abejas tenían su propio sistema de comunicación mediante una especie de danza, pero no sería hasta dos siglos después cuando el austriaco Karl von Frisch pudo explicar los tipos de movimiento que ejecutaban las recolectoras al volver al nido. Utilizando colmenas de cristal y entrenando a las abejas para buscar alimento en determinados puntos, Von Frisch logró descifrar el mensaje, por lo que recibió el premio Nobel de Fisiología y Medicina en 1973.

cación más complejo después del humano debido a que, mediante símbolos muy sencillos, son capaces de traducir una situación tridimensional (el exterior de la colmena) a otra bidimensional (el interior de la misma) y viceversa, transmitiendo con increíble precisión la ubicación, distancia y dirección a tomar.

UN GPS MILENARIO

Si la danzarina realiza unos círculos sobre el panal, quiere decir que la fuente de alimento se encuentra a menos de 25 metros; entonces, las demás abejas salen y buscan en todas direcciones. Cuanto más lejos está su objetivo, más complejo es el baile porque se necesitan instrucciones más precisas. Así que si las flores están entre 25 y 100 metros, hará un baile semicircular o «en hoz», que irá cambiando a medida que la distancia indicada aumenta, adquiriendo forma de «ocho» aplanado.

Pero cuando la comida está mucho más lejos (100-10000 metros), la abeja empieza a ejecutar un

Abejas volando de vuelta en la colmena después de un intenso período de cosecha.

«ocho» muy redondeado (dos semicírculos unidos por una línea recta), y la danza se complica porque incluye muchos más datos, como la dirección y el sentido: sobre el panal, una imaginaria línea vertical representa para estos insectos la situación

Abejas en el interior de una colmena.

rán hacia el sol; si lo hace formando un ángulo de 90 grados a la izquierda de la vertical, volarán a 90 grados a la izquierda del sol. Con el transcurso del día, usan su reloj biológico para ir ajustando la posición del sol en el cielo. Además, al percibir la luz ultravioleta, se pueden guiar hasta en días completamente nublados.

Asimismo, el recorrido del tramo recto aporta otros datos, como la calidad y cantidad de la comida y el gasto energético necesario. Cuanto más dure el mismo, más lejos está la fuente de alimento; para las abejas, la distancia a recorrer se mide en gasto de energía, por lo que si existiese algún obstáculo (como una montaña que tienen que rodear), el baile mostrará una trayectoria recta con el tiempo empleado para conseguir superarlo. También tendrán en cuenta si hay viento en contra; esa es la razón por la que, aunque no se alejan más de tres kilómetros de la colmena, pueden representar distancias

del sol; por lo tanto el ángulo de la danza respecto a la vertical se traduce en el ángulo en el que se encuentran las flores con respecto al astro rey. Si una abeja baila hacia arriba, las demás se dirigi-

LA DANZA DE LAS ABEJAS

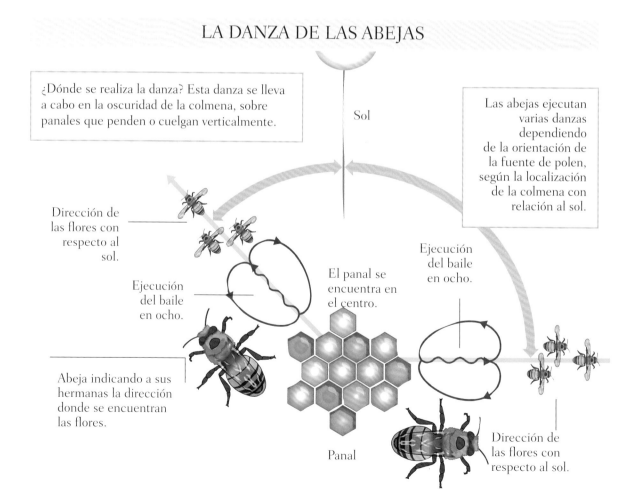

¿Dónde se realiza la danza? Esta danza se lleva a cabo en la oscuridad de la colmena, sobre panales que penden o cuelgan verticalmente.

Sol

Las abejas ejecutan varias danzas dependiendo de la orientación de la fuente de polen, según la localización de la colmena con relación al sol.

Dirección de las flores con respecto al sol.

Ejecución del baile en ocho.

Ejecución del baile en ocho.

El panal se encuentra en el centro.

Ejecución del baile en ocho.

Abeja indicando a sus hermanas la dirección donde se encuentran las flores.

Panal

Dirección de las flores con respecto al sol.

Abejas realizando una danza a la entrada de la colmena.

de hasta 10 kilómetros. Si a lo largo de la trayectoria recta mueven muy vigorosamente el abdomen significa que el mensaje es muy importante; también emiten un zumbido de baja frecuencia. Cuanto más entusiasmo muestre la bailarina, más dulce y abundante es el néctar.

SEÑALES DE ALARMA

Un estudio publicado en la revista *PLOS Biology* demuestra la capacidad de las abejas para emitir señales de peligro, pudiendo discriminar entre distintos tipos de amenaza, el grado y la naturaleza de la misma. Si una pecoreadora detecta un riesgo en el exterior, vuelve a la colmena y lo transmite a sus compañeras, inhibiendo con ello que estas salgan en busca de alimento.

La investigación se ha centrado sobre todo en la asiática Apis cerana, de la que han descubierto

Abejas entrando y saliendo de una colmena.

LOS DIALECTOS DE LAS ABEJAS

Se ha visto que las diferentes razas de abejas, dependiendo de las regiones geográficas de origen tienen sus propios dialectos, y no pueden entenderse entre sí. Además, existen otros tipos de danzas en la colmena: para indicar una nueva ubicación en caso de enjambrazón, asimismo cuando alguna pecoreadora lleva néctar con sustancias tóxicas (se mueven en espiral), o un baile de acicalamiento, que promueve que sus compañeras la limpien de parásitos.

Apis melífera europea.

que produce distintos tipos de vibración al ser atacada. Los depredadores más grandes y peligrosos dan lugar a mayores vibraciones por segundo que los más pequeños. Estas señales son transmitidas mediante cabezazos, suscitando la respuesta apropiada para cada situación. Hasta el mencionado estudio, llevado a cabo por la estadounidense Universidad de San Diego en colaboración con otras instituciones asiáticas, estas señales de alarma habían sido observadas en unos pocos vertebrados, como aves o primates, por lo que se trata del mecanismo de alarma más sofisticado que se ha encontrado entre los insectos.

HISTORIA DE LA APICULTURA

Nuestra relación con las abejas se remonta a la prehistoria, cuando los seres humanos eran nómadas que viajaban de un lugar a otro buscando los recursos necesarios para sobrevivir. Nos ha quedado constancia de ello gracias a algunas pinturas rupestres, como son los casos de las cuevas de la Araña (Valencia) o las cuevas de las montañas de Drakensberg en Sudáfrica. Estos grabados muestran cómo ya entonces nuestros antepasados recogían la miel de los nidos de abejas trepando a los árboles o accediendo a las grietas de los acantilados; esta es una práctica que aún hoy persiste en algunas culturas.

Colmena de tipo antiguo fabricada con materiales naturales.

Cuando el ser humano dejó su papel como recolector para hacerse sedentario emprendió una nueva forma de vida como agricultor y pastor, domesticando a algunos animales, incluidas las abejas. Usando como colmenas troncos ahuecados natural o artificialmente, empezaron a criar y cuidar las primeras colonias.

Una de las civilizaciones más antiguas, la sumeria, nos ha legado tablas de arcilla que reflejan su relación con la apicultura; entre otras cosas, preparaban ungüentos para sanar las heridas o cuidar la piel y el cabello. Posteriormente, los egipcios plasmaron en diversas composiciones cómo extraían, almacenaban y conservaban la miel, que utilizaban en medicina (para tratar llagas, cortes o, quemaduras, y como alimento fortificante) y cosmética; asimismo, fabricaban cerveza a partir de la miel fermentada, y usaban el propóleo para embalsamar cadáveres.

También nos ha quedado constancia de la importancia de las abejas para otras civilizaciones, como los fenicios, griegos, romanos y árabes. Para los griegos, la miel era un alimento fundamental; se cree que el «néctar de los dioses» hace referencia a este dulce manjar. Los romanos, admiradores de la cultura helénica, heredaron su afición por las abejas, que plasmaron en una gran cantidad de obras literarias. Los árabes veían en la miel un importan-

Panal natural hecho en Karakovan, Turquía.

te afrodisíaco, y para los chinos es un ingrediente esencial en su tradición culinaria, que cuenta con más de cinco milenios de antigüedad. En el mundo cristiano, estos animales y sus productos son mencionados con asiduidad en la Biblia donde, al referirse a la Tierra Prometida se dice que es «la tierra donde mana leche y miel».

La apicultura primitiva consistía en cazar los enjambres silvestres en primavera para ubicarlos en colmenas hechas de paja, corcho, barro o los ya mencionados troncos de árbol huecos. Al final del verano el apicultor mataba las abejas de casi todas sus colonias, recortaba los panales y colaba la miel separándola de la cera, o bien sumergía directamente el panal en agua hirviendo.

En aquellos momentos se carecía de un método para extraer los productos sin dañar a las abejas.

Extractor de miel fabricado a imagen y semejanza del ideado por Francesco de Hruschka.

Las tumbas egipcias

En la tumba del faraón Tutankamón fueron halladas, en 1922, varias vasijas de miel que se encontraban en perfectas condiciones, pese a los 33 siglos transcurridos.

Jeroglíficos en las columnas de Karnak, en Luxor, donde se ven abejas.

Por eso, en 1851 se produjo uno de los mayores hitos en la historia de la apicultura gracias a Lorenzo Langstroth. Este sacerdote estadounidense inventó la colmena moderna con cuadros móviles, que tenían que estar a cierta distancia (nueve milímetros y medio) unos

Colmena de paja.

de otros: una separación suficiente para que pudieran pasar dos abejas pero no tanta como para que construyeran puentes de cera entre ambas superficies. De esta manera, después de aprovechar la miel y la cera, se reutilizan los cuadros.

Otros inventos destacados fueron el extractor de miel (Francesco de Hruschka en 1865), que aprovechaba la fuerza centrífuga, y el ahumador de fuelle (Moses Quinby en 1875), prácticamente el mismo que se usa en la actualidad. Su función es esparcir humo en la colmena para que las abejas, al olerlo, crean que hay un incendio, se harten de miel y estén menos agresivas.

La POLINIZACIÓN

¿EN QUÉ CONSISTE?

La polinización es una forma de reproducción de las plantas indisolublemente ligada a las flores, su parte más vistosa y sin las cuales existiría muy poca diversidad de especies.

Macrofotografía en la que puede observarse el aparato transportador de polen de la abeja, con la tibia posterior dilatada.

Para empezar, hay que aclarar que existen las plantas gimnospermas y angiospermas. El nombre de gimnospermas significa «semilla desnuda», porque las semillas se forman expuestas a las condiciones medioambientales, y no producen fruto, como ocurre en las coníferas. Fueron de las primeras en habitar la Tierra, cuando aún no habían aparecido las especies animales capaces de

ETAPAS DE LA POLINIZACIÓN Y FERTILIZACIÓN DEL PINO

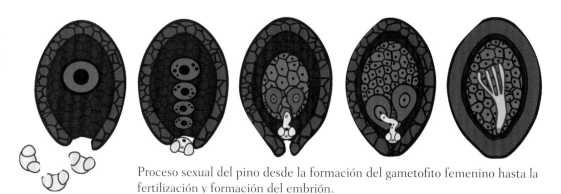

Proceso sexual del pino desde la formación del gametofito femenino hasta la fertilización y formación del embrión.

polinizar, así que tuvieron que confiar en el viento para cumplir dicho objetivo. Poseen inflorescencias femeninas (grupo de flores que no son más que escamas) e inflorescencias masculinas (grupo de flores formadas por gran número de escamas que, en realidad, son estambres donde se aloja el polen).

Por su parte, las angiospermas (palabra procedente del griego *angeion*, que significa «receptáculo o estuche») son las plantas con flores que conocemos. Dichas flores están compuestas por sépalos, pétalos (que atraen a los polinizadores), estambres y carpelos (hojas modificadas que forman las paredes de los ovarios en la flor), los cuales contienen y protegen a los óvulos. Además, tienen una parte masculina o androceo y una femenina o gineceo. Ambas pueden estar presentes en la misma flor (hermafrodita), en distintas flores de la misma planta (monoica), o en flores unisexuales de distintos ejemplares (dioica).

En el androceo están los estambres, que constan de anteras (contienen el polen) y filamento (sostienen las anteras). Por su parte, el gineceo está formado por el pistilo, que a su vez se divide en estigma (parte que recibe el polen y es pegajosa para que este se quede adherido), estilo (tubito que sostiene el estigma y conduce al ovario) y ovario (parte que contiene los óvulos).

La polinización, por tanto, radica en transferir el polen desde los estambres hasta el estigma o parte receptiva; ahí es donde se encuentra el óvulo que, al ser fecundado, dará lugar a frutos y semillas. El proceso ocurre en dos fases: por un lado, la polinización propiamente dicha, que consiste en el paso del polen (células masculinas) de los estambres al pistilo (órgano femenino), y por otro la fecundación, que tiene lugar cuando el polen está maduro y pasa al ovario, donde se unen los dos gametos o células reproductoras. Tras la fecundación, se desarrolla el óvulo para formar la semilla y poco a poco van desapareciendo algunas estructuras de la flor, como los estambres y pétalos. El ovario se transforma en un fruto que encierra las semillas y cuando estas quedan liberadas, caen al suelo y comienza la germinación.

POLEN

El término «polen» deriva del latín *pollen* y significa «polvo muy fino» o «flor de la harina».

El polen es tan diverso como las especies que lo producen. Sus diminutos granos se miden en micrómetros y solo los podemos ver a simple vista porque frecuentemente se encuentran formando aglomeraciones. Tiene diversos tamaños, formas, texturas y colores (amarillo, naranja, rojo, púrpura, negro, azulado).

Un equipo de científicos de la Universidad Tecnológica de Nanyang, en Singapur, ha encontrado una forma de convertir el polen –uno de los componentes más resistentes del reino vegetal, ya que es casi indestructible– en una sustancia blanda y flexible que podría servir como base para el diseño de nuevos materiales ecológicos. Los investigadores lo han transformado en partículas de microgel potencialmente adecuadas para fabricar apósitos de heridas, prótesis o chips electrónicos implantables, ya que no causan ninguna reacción inmunológica, alérgica o tóxica cuando se exponen a los tejidos corporales.

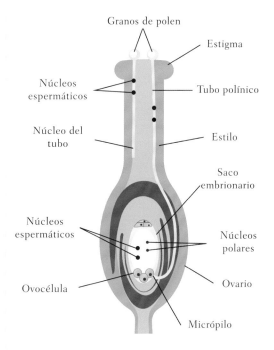

Granos de polen
Estigma
Núcleos espermáticos
Tubo polínico
Núcleo del tubo
Estilo
Saco embrionario
Núcleos espermáticos
Núcleos polares
Ovocélula
Ovario
Micrópilo

ANTECEDENTES DE LA POLINIZACIÓN

Las plantas con flor son relativamente recientes en la historia de la Tierra. Se estima que hace 3 500 millones de años surgieron los musgos, pero no fue hasta hace unos 450 millones de años cuando apareció la primera planta capaz de realizar la fotosíntesis a través de sus tallos: la ya extinta Cooksonia, que carecía de hojas y flores. Le siguieron las coníferas (hace 300 millones de años) y más tarde los ginkgos y los helechos.

PRIMEROS POLINIZADORES

La evidencia más antigua que tenemos hasta ahora de un insecto recolectando polen, fue encontrada en el norte de España, concretamente en Álava. Se trata de varios tisanópteros (también conocidos como trips) atrapados en una gota de resina hace más de 100 millones de años. Las hembras fosilizadas tienen el cuerpo cubierto de granos de polen de gimnospermas, concretamente de gingko. Los investigadores se dieron cuenta de que estas hembras presentaban en su cuerpo unos pequeños pelos plumosos semejantes a los de las abejas, para facilitar la recogida y transporte de polen, algo de lo que carecían los machos.

Distintos insectos atrapados en ámbar en diferentes muestras paleontológicas.

Plantas con flores y polinizadores van de la mano en la historia evolutiva.

Las plantas con flores llamativas, angiospermas, hicieron su aparición hace 150 millones de años, a comienzos del Cretácico, siendo los magnolios y las higueras los árboles pioneros en florecer y dar frutos. Dichas angiospermas, gracias a su gran plasticidad evolutiva y adaptabilidad, se extendieron rápidamente por todos los rincones del mundo, coloreando los paisajes antes verdes y desplazando al resto de plantas hasta convertirse en el grupo dominante en el planeta.

La aparición de las flores, y con ellas de los polinizadores, fue una respuesta evolutiva a la gran inversión de energía que representaba depender exclusivamente del agua y del viento para mover el polen, un procedimiento además bastante aleatorio. Las flores ofrecían alimento a los animales (néctar) y a cambio estos trasladaban el polen de planta en planta fecundándolas de manera mucho más específica. A lo largo del tiempo esta correspondencia fue adquiriendo complejidad, y hoy en día ciertos polinizadores y plantas viven en una relación de necesidad mutua, siendo la exclusiva fuente de alimento para los primeros, y el único medio de reproducción para las segundas. En los millones de años transcurridos desde el revolucionario «invento» de la polinización, las plantas han reforzado su conexión con los polinizadores, desarrollando olores y colores, además de otras señales que los humanos no percibimos; también muchos animales han sufrido adaptaciones que les permiten vivir casi exclusivamente de los productos florales. Sin embargo, las abejas son sin duda los seres más especializados y dependientes de las flores y sus productos. Se cree que ellas, junto con otros insectos, influyeron decisivamente en la diversificación de las plantas con flor, facilitando la dispersión de frutos y semillas.

LAS CÍCADAS

Antes del aumento de las angiospermas, otro grupo de plantas con semillas, las cícadas, fueron de las primeras en ser polinizadas por insectos. Esto se ha descubierto gracias a un escarabajo que quedó atrapado en ámbar hace 99 millones de años, es decir, en el Cretácico. El fósil fue hallado en Birmania por un grupo de científicos, cuya investigación se publicó en la revista *Current Biology*. El coleóptero se ha conservado junto a unos granos de polen de dicha planta, y según los expertos, muestra adaptaciones para el transporte del polen en sus patas y mandíbulas. Bautizado como *Cretoparacucujus cycadophilus*, su análisis indicó que pertenecía a un grupo hermano de los actuales Paracucujus australianos, que polinizan la cícada *Macrozamia riedlei*.

Grupo de abejas entre el polen de unas flores.

Palma y flor de una planta cícada.

TIPOS DE POLINIZACIÓN

La mayoría de las plantas pueden reproducirse asexualmente, generando clones de sí mismas a través de fragmentos de hojas, tallos o raíces que dan lugar a un nuevo ejemplar. Sin embargo, la reproducción sexual mediante la polinización entre individuos diferentes resulta indispensable para la buena salud de las poblaciones y la evolución de las especies.

Abeja posada sobre un cardo rosado. La labor de este insecto es responsable de más del 80% de las polinizaciones.

Existen algunas plantas capaces de autopolinizarse (polinización directa). En este caso, el grano de polen llega por sí solo desde el estambre al estigma de la misma flor, como ocurre con los guisantes, el mango o los dátiles. Las ventajas de este proceso son que gastan menos energía en producir elementos atrayentes para los polinizadores (colores, olores, dibujos) ya que no los necesitan. Asimismo, desperdician menos polen y tienen la posibilidad de propagarse aun en ausencia de otras plantas de su especie, por eso algunas de ellas pueden volverse invasoras. Pero esta forma de reproducción reduce la capacidad de adaptación a cambios ambientales, así como la diversidad genética al no producir especies nuevas, y disminuye el vigor de sus descendientes, además de la capacidad de resistir enfermedades.

Por su parte, la polinización cruzada (cuando los granos de polen son transferidos a la flor de una planta distinta) es más habitual, aunque para ello se requiere la ayuda de agentes externos que aseguren que el polen se esparce a flores de otros ejemplares de la misma especie. Este proceso tiene varias ventajas: los descendientes son más fuertes y resistentes y se produce una mayor diversificación genética, selección y adaptabilidad. El precio a pagar es un mayor despilfarro de polen y la dependencia total de esos agentes. Este tipo de polinización es necesaria cuando los órganos masculino y femenino no están en la misma especie, o cuando aparecen en diferentes momentos del crecimiento.

FACTORES NO BIOLÓGICOS

El polen puede ser transportado por diversos vectores:

- ABIÓTICOS (NO BIOLÓGICOS). Muchas especies son polinizadas a través del viento (ortigas, robles, abedules, alisos, hayas y la mayoría de coníferas o gramíneas). Estas plantas producen enormes cantidades de polen cuyos granos suelen ser pequeños y secos, fáciles de transportar por el aire; generalmente tienen largos estambres y pistilos. Además, suelen aparecer en grandes grupos en áreas abiertas y expuestas al viento. Las flores suelen tener un color apagado, sin fragancia y a veces sin pétalos. En el caso de las gramíneas, los tallos que portan las flores son normalmente largos y delgados, por lo que se mueven incluso con una leve brisa. La polinización por el viento (anemófila) es poco eficiente, ya que la planta crea millones de granos de polen, de los cuales se pierde la inmensa mayoría.

- LA POLINIZACIÓN POR EL AGUA es menos frecuente y muy aleatoria. Los granos de polen son liberados en masa y transportados pasivamente en las superficies acuáticas. En ciertos casos, las gotas de lluvia pueden salpicar y trasladar granos hacia el estigma de la propia especie. En otros, el polen de una flor puede flotar has-

Espectacular imagen del polen desprendiéndose del cono de un pino macho.

ta llegar al órgano femenino, o trasladarse a través de corrientes de agua o mareas para encontrase con los estigmas. Las flores son pequeñas y verdosas, y el polen pegajoso.

Primer plano de los estambres de un lirio asiático, donde se encuentra el polen.

Algunas flores presentan cipselas para reproducirse por el viento o adheridas al pelaje animal.

Otros animales polinizadores son las mariposas y los colibríes. Ambos se alimentan del néctar de las flores y al introducir su trompa o su pico, el polen queda adherido, fertilizando a otra flor en sus vuelos en busca de alimento. Tanto el insecto como el pájaro se sienten atraídos por el colorido de sus flores, que emplean ese truco para favorecer su reproducción.

FACTORES BIOLÓGICOS

Se calcula que casi el 88 % de las angiospermas dependen en alguna medida de los animales para la polinización. Sus flores se caracterizan por tener vistosos colores y aromas fuertes. Por lo general, cuando los polinizadores se están alimentando del néctar, los granos de polen se adhieren a sus cuerpos y cuando el animal visita otra flor, pueden caer accidentalmente sobre el estigma. Cada planta tiene su propio aroma que es detectado por los polinizadores, a los cuales atrae irremediablemente. Algunas flores también poseen estructuras especializadas, de manera que solo pueden ser polinizadas por especies concretas.

Los insectos son los polinizadores más numerosos y conocidos (polinización entomófila), y

Para evitar la endogamia, hay plantas que poseen toxinas encargadas de prevenir la autopolinización, ya que rechazan el polen producido por la misma planta, bloqueando su germinación.

dentro de ellos las abejas son las más eficientes y especializadas. Sin embargo, también juegan un papel importante en la reproducción de las plantas otros animales como los pájaros (polinización ornitófila), los reptiles (polinización saurófila) e incluso los mamíferos (polinización zoófila), como veremos más adelante.

- Uno de los polinizadores más pequeños es la avispa del higo, *Blastophaga psenes*, que mide unos 15 milímetros de largo.

- Algunas flores oscuras tienen un olor desagradable, parecido a la carne podrida..., pero no es casualidad, ya que desprenden este aroma para atraer a las moscas.

- Las flores polinizadas por insectos liberan más variedad y más cantidad de compuestos químicos responsables de su perfume. Algunas, como el tomillo o la salvia, también pueden fecundarse a sí mismas, y son precisamente las que tienen las fragancias más potentes y diversas. Eso pone de manifiesto aún más el importante papel de la polinización entomófila; dichas plantas prefieren que los insectos sean los responsables de su reproducción, porque así pueden intercambiar polen con otras flores, mantener su variabilidad genética y asegurar la supervivencia de la especie.

POLINIZACIÓN POR INSECTOS

Aunque la mayoría de las plantas han desarrollado mecanismos para evitar la autopolinización, un estudio liderado por la Universidad de Granada ha permitido a sus investigadores describir por primera vez en el mundo un nuevo mecanismo que promueve de forma activa la autopolinización en determinadas especies de plantas, al que han llamado «masajeo de anteras». Este consiste en un movimiento coordinado y repetido durante horas que las anteras de las flores (portadoras del polen) llevan a cabo sobre el aparato femenino de las mismas (estigma) para transferir los granos de polen, alcanzando un éxito reproductivo similar al de la polinización cruzada.

- Investigadores de la Universidad de Virginia han comprobado que, en ocasiones, las pequeñas abejas silvestres pueden no ser efectivas en la polinización de determinadas plantas, ya que se llevan más polen (para su propio consumo y el de sus crías) que el que propagan en el estigma de la flor.

RELACIONES ENTRE FLORES Y POLINIZADORES

La polinización es un buen ejemplo del poder de la cooperación, ya que plantas y polinizadores llevan millones de años evolucionando juntos y probablemente constituyen el ejemplo más claro de mutualismo (interacción entre individuos de diferentes especies, en la que ambos se benefician y mejoran su aptitud biológica) que se puede observar en la naturaleza.

Habitualmente los polinizadores obtienen una recompensa que puede ser alimenticia (polen y néctar) o de otro tipo, como resinas, aceites para impermeabilizar los nidos, tejidos florales, perfumes que posteriormente utilizan en sus cortejos o, simplemente, como lugares de apareamiento y/o refugio para ellos (días lluviosos o de noche) o su descendencia; a cambio, posibilitan la reproducción de dichas plantas. Existen polinizadores que solo se alimentan de un tipo de flores (específicos) y otros de una gran variedad (generalistas).

Se cree que estas relaciones favorecieron la enorme variedad tanto de plantas con flor como de insectos, ya que las especies vegetales polinizadas por animales se han diversificado mucho más que sus primas hermanas que dependen del viento.

Así, plantas e insectos fueron de la mano proporcionándose oportunidades mutuas. Las flores han ido evolucionando para que los polinizadores las encuentren lo más atractivas posible, y utilizan

PLANTAS CON TRAMPA

Algunas orquídeas no producen néctar, ya que esto requiere una gran inversión de energía por parte de la planta. Entonces, para inducir al insecto a transportar su polen, desarrollan mecanismos de engaño, como emitir sustancias que imitan las feromonas desprendidas por las hembras de abejas en celo (invitando al insecto macho a una pseudo cópula como recompensa), ofrecer la cavidad de su flor como refugio o imitar físicamente a flores nectaríferas.

Los distintos
tipos de insectos
polinizadores escogen
las plantas según el color,
la forma o el tamaño
de sus flores.

Todas las especies
de abejas
son polinizadoras
y resultan decisivas
a la hora de mantener
el equilibrio
de los ecosistemas.

No solo los insectos alados
dispersan el néctar;
muchas hormigas polinizan
transportando las semillas
de las plantas.

Los mosquitos
no siempre se alimentan
de sangre;
los machos liban néctar
de las flores y también sirven
como polinizadores.

señales variadas: visuales, químicas y eléctricas. Cuando una abeja va volando, lo primero en lo que se fija es en el color, la forma y el tamaño de la corola, pero una vez se acerca, la elección de una flor concreta u otra depende de la combinación de señales.

Los ojos de los insectos generalmente están diseñados para ver mejor objetos en movimiento, lo que les permite tener un mayor control mientras vuelan. Algunas plantas como la lavanda (*Lavandula*) o la salvia han sabido aprovecharlo y lucen pequeñas flores sobre tallos largos y finos que se mecen incluso con una leve brisa.

Además, casi todos los polinizadores son capaces de percibir la luz ultravioleta, y muchas plantas han incorporado en la corola manchas que señalan hacia el centro de la flor, a modo de diana, para dirigirlos hacia el nectario. Estos dibujos se llaman «guías de néctar», y aunque algunas son perceptibles a simple vista, la mayoría solo las podemos ver con luz ultravioleta.

En cuanto a los colores, parece ser que los himenópteros prefieren los tonos amarillos, violetas y azules; los dípteros (moscas), los púrpura o los verdosos; los lepidópteros diurnos (mariposas) se ven atraídos principalmente por flores grandes, rojizas, rosadas o malvas, y los coleópteros por las blancas.

JUEGO DE SEDUCCIÓN

Color y aroma, claves polinizadoras.

Otro estudio de la Universidad de Tel Aviv (Israel) pone de manifiesto que las plantas podrían ser capaces de percibir sonidos.

El equipo investigó onagras costeras (Oenothera drummondii) y observó que, minutos después de detectar las vibraciones de las alas de los polinizadores, dichas plantas aumentaron temporalmente la concentración de azúcar en su néctar.

Los científicos creen que ofrecer un néctar más dulce a los polinizadores podría atraer más insectos y quizá aumentar las probabilidades de reproducción, y sugieren la posibilidad de que quizá las plantas se alerten las unas a las otras del sonido de herbívoros que se alimentan de sus vecinas, o quizá puedan generar sonidos que atraigan a los animales implicados en dispersar las semillas.

La alteración de los aromas florales es una de las causas de que haya bajado el nivel de polinización de los insectos sobre las plantas.

Según un nuevo estudio del Centro de Investigaciones Ecológicas y Aplicaciones Forestales (CREAF), en colaboración con la Universidad Autónoma de Barcelona, la fragancia de las flores también tiene que ver con los microorganismos, como bacterias y hongos, que viven en ellas. En un experimento, se pulverizaron sobre flores de saúco (Sambucus) diversos antibióticos, que no les causaron daño ni estrés, pero sí disminuyeron drásticamente su olor.

Los fungicidas que cambian el aroma de las flores son un peligro con vistas a su polinización y por tanto deben evitarse.

Todos los tejidos de la planta generan aromas; unos son clave para la polinización y otros son una defensa, como los compuestos volátiles que se concentran en las hojas y ayudan a repeler a los herbívoros.

Plantas e insectos tienen una comunicación química a través del olor.

¿POR QUÉ ELIGEN UNAS FLORES Y NO OTRAS?

Una vez que el polinizador ha localizado visualmente un grupo de flores, se basa en otros indicios, como el olfato, para decantarse por una u otra. Los compuestos orgánicos volátiles dan a las flores su fragancia, y son la materia prima en la industria de la perfumería. En ocasiones, distintas especies comparten sus componentes químicos, aunque la concentración y combinación es distinta para cada una, constituyendo un «código de aroma» único que atrae a determinados polinizadores.

Hay flores que poseen olores fétidos y colores oscuros como reclamo para los dípteros carroñeros, mientras que otras, cuando han sido polinizadas, cambian de color o producen aromas repelentes.

Las flores que se abren de noche, en su intento por llamar la atención de mariposas nocturnas, se caracterizan por despedir olores dulces y penetrantes que atraen a los lepidópteros desde largas distancias. Un ejemplo de ello es el estramonio (*Datura stramonium*) cuya fragancia es percibida por algunas polillas a unos diez kilómetros.

Pero, además, recientemente se ha descubierto que las flores emiten señales eléctricas que comunican información a sus polinizadores. Generalmente, las plantas contienen cargas eléctricas negativas y los insectos, en cambio, adquieren una carga positiva debido al roce del viento mientras vuelan. Esto les permite crear un sofisticado canal de comunicación, en el que dichas flores informan a sus polinizadores de si han sido visitadas con anterioridad y del estado de sus reservas de néctar y polen.

- Son conocidos los efectos de la contaminación lumínica sobre la mortandad y la capacidad reproductiva de mamíferos, anfibios, reptiles, peces o murciélagos, al alterar los ciclos naturales. Ahora también se ha descubierto el daño que provoca en los insectos de hábitos nocturnos. Una investigación de la Universidad de Berna ha comprobado que las flores iluminadas de manera artificial recibían dos tercios menos de visitas que las alejadas de la fuente de luz, con la consecuente disminución de la producción de frutos y semillas.

- No siempre la relación planta-polinizador es de mutualismo, ya que algunos animales, por la estructura o el tamaño de la flor, no pueden acceder al néctar a través de la corola, y para alcanzarlo se ven forzados a realizar perforaciones en la base de la misma, desde donde extraen el dulce líquido. Esta estrategia se llama «robo de néctar» y normalmente no contribuye al proceso de polinización, ya que el animal no entra en contacto con las anteras ni con el estigma.

Hay plantas que lo ponen difícil y los insectos deben perforar para polinizar.

APICULTURA TRASHUMANTE

La trashumancia se define como un tipo de pastoreo en movimiento, que tiene como objetivo adaptarse a zonas de productividad cambiante. Por lo tanto, la apicultura trashumante consiste en trasladar las colmenas allí donde haya mayor disponibilidad de néctar y polen para las abejas.
Es decir, cuando la temporada de polen y néctar ha acabado en un determinado lugar, el apicultor transporta las colmenas a otro sitio que, por su clima (latitud o altitud), tenga una primavera más tardía, con el objetivo de que puedan disfrutar de un periodo más largo de recolección.
Esta técnica se practica solo cuando la explotación de las abejas se realiza de manera intensiva.

El apicultor puede decidir trasladar sus colmenas para obtener mayor rendimiento.

Si las floraciones se producen muy distanciadas en el tiempo, se ralentiza la puesta de huevos de la reina, con lo que disminuye la población de la colmena y se pueden llegar a comprometer los excedentes de miel, con la consiguiente pérdida de rentabilidad para el apicultor.

Antiguamente dicho transporte se realizaba con animales de carga a los que se ponían unas cinchas a modo de alforjas y sobre unas maderas se desplazaban las cajas con las abejas. Actualmente se utilizan camiones, generalmente dotados de grúa con gancho, y se colocan las colmenas dentro de jaulas. Hay que tener en cuenta que las abejas se deben trasladar de noche, que es cuando están todas dentro del nido. Entonces, se tapan las piqueras (puertas de entrada) de las colmenas y cualquier agujero por el que puedan escaparse los insectos, y se cargan en el vehículo. Una vez han llegado a la nueva ubicación, se abren las piqueras para que las abejas disfruten de la vegetación.

LOS ALMENDROS DE CALIFORNIA

El estado norteamericano de California tiene la mayor producción de almendras del mundo, valorada en 11 000 millones de dólares, con ventas de un millón de toneladas al año. Para polinizar las más de 300 000 hectáreas que ocupan los almendros, se necesitan más de un millón y medio de colonias de abejas (*Apis mellifera*), por lo que este cultivo requiere de la apicultura trashumante a gran escala. Las colmenas se alquilan y son trasladadas a los cultivos procedentes de todo Estados Unidos; incluso se llegó a importarlas desde Australia en avión antes de que se prohibiera por motivos sanitarios.

Cada enero, las abejas son puestas en acción mucho antes de lo que sería su ciclo normal. Se las alimenta con sustitutos de polen y néctar, para que repueblen rápidamente la colmena y estén listas para las almendras. Luego se cargan en camiones y se envían por todo el país, se dejan caer en un campo vacío y se les alimenta con más sustitutos mientras esperan que florezcan los árboles. En muchas ocasiones, tras la temporada de la almendra, las abejas son llevadas a plantaciones de aguacate y, ya en verano, a campos de girasoles. Esto supone cuatro o cinco viajes durante el año, en los que pueden recorrer unos 25 000 kilómetros dentro de un camión, con sonidos y vibraciones fuertes que las estresan; además se produce mucha endogamia que afecta a su sistema inmune. Todo esto repercute en su salud y expectativa de vida; las reinas, que pueden vivir hasta cinco años en buenas condiciones, tienen que ser renovadas prácticamente cada temporada. Según un estudio, 50 000 millones de abejas murieron en Estados Unidos durante el invierno de 2018-2019, lo que significa más de un tercio de sus colonias. Además del estrés y la endogamia, las abejas ven limitada su alimentación a monocultivos (cuando lo ideal sería una variedad), están expuestas a pesticidas y a contagiarse del mortal ácaro varroa, que apareció en Estados Unidos en 1987 y en seis años se extendió por todo el país debido a esta práctica. Se trata, pues, de una apicultura intensiva al servicio de la alimentación humana.

La agricultura trashumante debe aplicarse con moderación para no perjudicar a las abejas.

POLINIZACIÓN EN INVERNADEROS CON ABEJORROS

Dentro de los invernaderos y «mares de plástico», donde no es factible la polinización natural porque los insectos no pueden acceder libremente, o para cultivos tempranos (ya que queremos comer productos frescos todo el año), tradicionalmente se solía recurrir al traspaso del polen de unas flores a otras manualmente, y en algunos casos la fructificación se estimulaba con aplicaciones de hormonas. Sin embargo, ambos procesos eran laboriosos y poco efectivos.

Los abejorros pueden ser una ayuda inestimable para polinizar plantas de invernadero en cualquier época.

Pero en 1987 se descubrió el potencial de los abejorros (*Bombus*) para estas tareas y en tres años se convirtió en una práctica habitual en todo el mundo. A diferencia de las abejas, sus «primos» se activan a principio de temporada soportando temperaturas a partir de cinco grados (prefieren el frío al calor extremo), trabajando incluso en días nublados y desapacibles; son más grandes, por lo que recogen en su cuerpo una mayor cantidad de polen y pueden visitar 20 o 30 flores por minuto.

Por ello se empezaron a criar con fines comerciales. El abejorro zapador o *Bombus terrestris*, es el más utilizado por el mercado europeo, mientras que en Estados Unidos se producen las especies *Bombus impatiens* y *Bombus occidentalis*, en el oriente y occidente del país, respectivamente. Estos insectos se adquieren en cajas nido, y cada colmena contiene una reina fecundada, entre 50 y 60 obreras, y un panal con huevos, larvas y pupas que a su vez proveerán de más adultos productivos.

La presencia de estos útiles animalitos en los invernaderos requiere un uso racional de los fitosanitarios, ya que estos pueden tener efectos directos o indirectos sobre ellos. Se deben realizar los tratamientos químicos en el momento oportuno y en la dosis adecuada, además de consultar la lista de los posibles efectos secundarios de los pesticidas.

Otro problema que presenta este tipo de polinización es el impacto ecológico de la introducción de abejorros no nativos. Aunque aún no existen suficientes estudios al respecto, muchos de ellos escapan de los invernaderos expandiéndose y entrando en competencia con los polinizadores silvestres por el recurso floral o los lugares de nidificación, además de la posible transmisión de patógenos a los abejorros silvestres o la hibridación con los mismos.

• Investigadores de la Estación Biológica de Doñana-CSIC y de la Universidad de Almería han confirmado que los insectos comerciales se desplazan hacia los espacios naturales, incrementando su área de acción y compartiendo hábitat y recursos con los autóctonos. En lugares con muchos invernaderos, los insectos comerciales están más presentes, mientras que la presencia de los nativos desciende.

POLINIZACIÓN POR ZUMBIDO O SONICACIÓN

Algunos tipos de plantas, tanto silvestres como cultivadas (tomate, berenjena, arándanos, patata o kiwi), requieren una técnica llamada «polinización por zumbido» para poder reproducirse. En estas flores, el polen alojado en las anteras sale por una pequeña abertura que se encuentra en la punta, por lo que su acceso es muy difícil. Por eso, varias especies de abejas (como las de la familia *Halictidae*) y, en especial, los abejorros (*Apidae*), han desarrollado una estrategia para liberarlo: aterrizan en una flor y encorvan el abdomen alrededor de las anteras, sujetándose con las mandíbulas, para contraer rápidamente los músculos torácicos. Estas vibraciones se transmiten a las anteras a través de la cabeza, mandíbulas y abdomen, provocando que los granos de polen se adhieran al animal. Parte será recogido para alimentar a las larvas, y parte quedará en su cuerpo y será transportado al estigma de otra flor. La duración, amplitud y frecuencia del zumbido varía dependiendo de la especie de abeja, del tamaño de las flores y de si la flor ha sido visitada previamente o no.

Algunas flores requieren de tratamientos especiales, por parte de los insectos, para ser polinizadas.

OTROS INSECTOS POLINIZADORES

Aunque las abejas se encargan del mayor volumen polinizador, hay otros insectos que contribuyen en gran medida a la reproducción de las flores.

La riqueza vegetal se debe a los polinizadores. Su variedad favorece a su vez esa abundancia.

POLINIZACIÓN ENTOMÓFILA (POR INSECTOS)

Los insectos son la categoría más antigua y también el principal grupo de polinizadores. Aunque las abejas son las más específicas y eficientes, existen otros muchos insectos que cumplen con esta función. Cuanto mayor sea el número de especies que visite una flor en concreto, más posibilidades tendrá la planta de que la reproducción llegue a buen término.

HIMENÓPTEROS

Existen más de 150000 especies descritas de himenópteros distribuidos por prácticamente todo el planeta. A este orden pertenecen abejas, avispas y hormigas y, salvo en el caso de las primeras, para el resto la alimentación de productos florales se restringe a las fases adultas.

Aunque su labor es menos conocida que la de las abejas, algunas avispas son muy efectivas. Muchas especies se alimentan de néctar o de polen, unas pocas se comen los pétalos y pistilos de las flores, e incluso algunas muerden los tallos y ramas tiernas para chupar la savia.

Las abejas son las principales polinizadoras del género *Prunus*, especialmente el almendro.

DÍPTEROS

Al igual que ocurre con las avispas, los adultos de muchas especies de dípteros (moscas) se alimentan de néctar y polen; este último se aglutina por todo su cuerpo gracias a las gruesas cerdas que poseen muchos de ellos o la densa pilosidad que recubre el cuerpo de otros. Tras los himenópteros son los segundos visitantes más frecuentes de las flores, siendo más numerosos que las abejas cuando las temperaturas son bajas. Existen más de 100 000 especies, entre las que destacan los sírfidos (*Syrphidae*), a los que también se conoce como «moscas de las flores», seguidos por bombílidos (*Bombyliidae*) y taquínidos (*Tachinidae*).

Habitualmente sus flores preferidas son pequeñas, púrpuras, violetas, azules, blancas, amarillas o verdosas. En general poseen aromas suaves o son inodoras pero algunas, como ciertas orquídeas, han desarrollado un olor cadavérico o putrefacto (para atraer a moscas de la carroña y el estiércol).

Las moscas esparcen el polen adherido en sus patas y cuerpo.

También es frecuente ver a algunas hormigas, como *Lasius niger* dándose auténticos baños de polen. Sin embargo, no son eficientes para la reproducción de las plantas, ya que el polvillo no se adhiere a su cuerpo y además estos insectos producen compuestos antimicrobianos que inhiben la germinación.

AVISPAS DE LAS HIGUERAS

Mención aparte merecen las avispas de las higueras (familia Agaonidae). Las flores de este árbol crecen escondidas dentro del higo, ya que han desarrollado una relación de mutualismo tan estrecha con sus polinizadores que no necesitan ser visibles ni ofrecer recompensas. Cada especie del género Ficus tiene su propia avispa polinizadora; no podrían sobrevivir la una sin la otra. Las avispas hembra penetran en el higo inmaduro y ponen los huevos en su interior. Una vez eclosionan, las larvas se alimentan del contenido del higo y cuando alcanzan la madurez sexual se reproducen. A continuación los machos, antes de morir, hacen una abertura en el fruto para que las hembras fecundadas salgan hacia otro higo donde se repite el proceso.

Mutualismo entre higo y avispas de las higueras.

Las hormigas apenas contribuyen en la polinización.

LEPIDÓPTEROS

Este grupo incluye a mariposas diurnas y nocturnas (polillas), entre las que muchas especies son nectarívoras, aunque algunas ni siquiera se alimentan de flores, sino que consumen jugo de frutos o simplemente no comen cuando son adultas, al carecer de aparato bucal. Las más importantes desde el punto de vista de la polinización se concentran en las familias de mariposas nocturnas *Sphingidae*, *Noctuidae* y *Geometridae*, y en las de mariposas diurnas Hesperiidae y *Papilionidae*. Los lepidópteros nectarívoros están representados por todo el mundo, pero alcanzan su máxima diversidad en los trópicos. Parece ser que las mariposas visitan las flores con menor frecuencia que las abejas y también depositan menos cantidad de polen en cada visita, pero algunos estudios sugieren que lo transportan a distancias más largas que otros insectos, lo que podría ser genéticamente beneficioso para las plantas.

Mariposa monarca alimentándose de néctar.

Las mariposas diurnas acuden a flores grandes y llamativas o pequeñas y reunidas en inflorescencias que, por lo general, poseen más néctar que polen; los nectarios suelen estar protegidos, por lo que solo se puede acceder a ellos con su larga espiritrompa, lo que les convierte en inaccesibles para otros insectos. Prefieren los colores rosáceos o malvas, aunque también polinizan flores blancas y amarillas.

Las nocturnas visitan flores que se abren en la oscuridad y se caracterizan por corolas tubulares blancas o rosas, con una intensa fragancia y grandes cantidades de néctar. Su comportamiento es similar al de los colibríes: se detienen junto a su objetivo suspendidas en el aire, aleteando muy rápido, y extienden la espiritrompa para absorber el dulce jugo. El polen se les queda adherido involuntariamente a diversas partes de su cuerpo.

COLEÓPTEROS

Los escarabajos (orden *Coleoptera*) constituyen un grupo muy antiguo de visitantes florales, ya que su registro fósil se remonta a unos 100 millones de años antes de la aparición de las primeras plantas angiospermas. Con unas 375 000 especies descritas (aproximadamente una cuarta parte de los animales conocidos), podemos encontrarlos en la mayoría de los hábitats del planeta.

Su alimentación es muy variada: los hay fitófagos (al menos en una fase de su ciclo de vida), carnívoros, detritívoros o coprófagos. Los escarabajos, como las moscas, son más bien generalistas en sus visitas a las flores y, al igual que las hormigas, tienden a polinizar por casualidad. Algunos pueden llegar a ser destructivos debido a que con sus robustas mandíbulas mastican el polen, pero también las anteras, pétalos y otras piezas florales.

Sus flores preferidas son muy olorosas, grandes y robustas, o pequeñas y agrupadas en inflorescencias densas, todas ellas con una gran producción de polen y fácil acceso al mismo. Muchas poseen aromas frutales o desagradables (como de materia orgánica en descomposición). Polinizan algunos tipos de plantas muy primitivas como las rosáceas, euforbiáceas, peoniáceas, papaveráceas y ranunculáceas.

COLEÓPTEROS

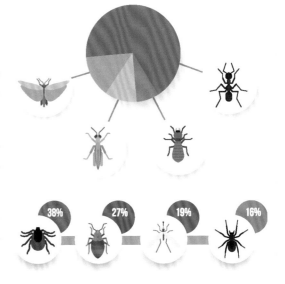

OTROS ANIMALES POLINIZADORES

Los insectos no son los únicos animales que intervienen en el proceso de polinización, si bien es cierto que en climas templados son los más abundantes. En distintas regiones del mundo, aves, reptiles y mamíferos participan de manera muy efectiva en el transporte del polen.

Colibrí de corona verde (*Heliodoxa jacula*), alimentándose de una flor.

Por analogía, los primeros animales en los que se puede pensar como polinizadores serían las aves, pero aunque su aporte es decisivo, no son de ningún modo los únicos vertebrados en hacerlo. Murciélagos, lagartos o roedores, por ejemplo, también contribuyen a la polinización.

AVES

Las aves se sienten atraídas por las formas y los colores de las flores, pero no por las fragancias. Algunas se alimentan casi exclusivamente de néctar, mientras que para otras es un complemento en su dieta. En general, estas especies polinizadoras son pequeñas, con menos de 20 gramos de peso, y su comportamiento es sensible a la abundancia de flores.

Los colibríes (familia *Trochilidae*), autóctonos de América, son los nectarívoros más conocidos. Suelen libar en vuelo. Combinan el dulce líquido con otras fuentes de proteína, como los insectos, y eventualmente consumen polen disuelto en el néctar. Los nectarios de las flores que polinizan se encuentran en la profundidad de la corola y al tratar de alcanzarlos tocan las anteras con la cabeza, con lo cual el polen queda adherido a su pico y plumas.

Para acceder al néctar poseen picos largos, rectos o curvos, con lenguas largas. Los colibríes tienden a visitar árboles, arbustos y otras plantas del sotobosque y pueden polinizar entre 500 y 3000 flores al día.

PODARCIS LILFORDI

Un ejemplo de polinización con la ayuda de un reptil es el de de la lagartija balear (*Podarcis lilfordi*), especie endémica de Mallorca y Menorca, que ha desaparecido de ambas islas y solamente se encuentra en los pequeños islotes situados alrededor de ellas. Su dieta habitual incluye el consumo de polen y flores de umbelíferas (como *Daucus sp.*), lentisco (*Pistacia lentiscus*) y romero (*Rosmarinus officinalis*). También han sido observadas consumiendo el néctar de la malva (*Lavatera arborea*), lechetrezna (*Euphorbia dendroides*) y de hinojo marino (*Crithmum maritimum*). Al introducirse en las flores, el polen queda adherido al cuerpo del reptil, siendo transportado de unas plantas a otras. En aquellos lugares en los que la lagartija es abundante, su frecuencia de visita a las flores es más de tres veces superior a la de insectos.

Una lagartija lame el néctar de las flores.

Pero existen muchas más aves que se alimentan de néctar: las integrantes de las familias *Nectariniidae* (suimangas y arañeros), pequeños pájaros tropicales de pico largo que se pueden encontrar en África, Australia y Asia tropical; los *Psittacidae* o loritos de América y África, y los *Meliphagidae* o «comedores de miel» propios de Oceanía. Todos ellos se ven atraídos por flores de forma tubular o alargada y colores naranja, rojo o púrpura, que no reflejan la luz ultravioleta y poseen una elevada producción de néctar con una concentración baja en azúcares.

Este tipo de polinización es mucho más raro en Europa, aunque algunas aves como currucas, mosquiteros y herrerillos, que no están especializadas en libar néctar, pueden aprovechar ocasionalmente este energético recurso al tiempo que recogen y transfieren eficazmente el polen.

REPTILES

Los reptiles son en su mayoría considerados carnívoros. Sin embargo, determinadas especies pueden llegar a ser esenciales en la reproducción de algunas plantas, participando en los procesos de polinización y dispersión de semillas de manera exitosa, aunque aún se conoce poco acerca de la contribución de la herpetofauna a estos procesos y su importancia en los ecosistemas.

Este tipo de polinización se puede observar sobre todo en los ecosistemas insulares, ya que allí existe un número relativamente alto de especies endémicas, por lo que los reptiles insectívoros y consumidores de semillas pueden compensar la falta de estos alimentos incluyendo en su dieta polen y néctar.

MAMÍFEROS

Murciélagos

Los murciélagos son fundamentalmente insectívoros, sobre todo en climas templados y fríos, pero en las zonas tropicales y ecuatoriales muchos micromurciélagos (*Microchiroptera*) complementan su dieta con fruta, néctar y polen, casi los únicos alimentos que ingieren los megamurciélagos (*Megachiroptera*). Estos últimos tienen un sentido del olfato muy desarrollado, pero su sistema de ecolocalización es menos eficiente; sin embargo, algunas flores tropicales reflejan el

De izquierda a derecha y de arriba abajo, murciélago, ratón, koala y mono langur, ejemplos de animales que contribuyen a la polinización con sus hábitos alimenticios.

sonido para que estos mamíferos alados las puedan encontrar con facilidad.

Este tipo de polinización está restringida a los trópicos. Los murciélagos son muy efectivos, pues pueden transportar el polen a largas distancias. Normalmente se alimentan en vuelo, pero también son capaces de aterrizar en los pétalos rígidos y carnosos de algunas flores. Las lenguas de los nectarívoros terminan en unos suaves filamentos con los que recogen el néctar; mientras comen, se manchan de polen el pecho, la cabeza, el abdomen y la parte ventral. Los frugívoros, además, suelen consumir el jugo y escupir al suelo las semillas, con lo que contribuyen al nacimiento de nueva vegetación. Se calcula que hay unas 1240 especies distintas de murciélagos, de los cuales casi una cuarta parte de ellos obtienen alimento de las flores.

Mamíferos no voladores

Marsupiales, roedores y primates visitan al menos 85 especies de plantas a nivel mundial. Pequeños mamíferos vegetarianos de zonas tropicales y subtropicales transportan el polen como consecuencia de sus hábitos alimenticios. Algunos no muestran ningún signo de adaptación como polinizadores,

pero otros sí, como el ratón mielero australiano (*Tarsipes spencerae*), que tiene un hocico prominente, unos dientes reducidos o ausentes, y una lengua muy larga y estrecha con la punta tipo pincel. Este roedor muestra predilección por el néctar de las flores estrechas de la familia *Proteaceae*.

Los marsupiales arbóreos y los roedores trasladan el polen de varias especies en Australia y Suráfrica. Los lémures son posiblemente los polinizadores más importantes en Madagascar, donde no hay murciélagos; estos primates utilizan su largo hocico para alcanzar el néctar y dispersan el polen a medida que se mueve a otras plantas.

CARACOLES POLINIZADORES

Aunque existen pocos datos al respecto, se ha comprobado que los caracoles pueden polinizar las plantas del género Aspidistra, autóctonas del este asiático; sus flores son pequeñas, poco vistosas y nacen a ras de suelo, con lo que los caracoles, en su lento desplazamiento transfieren el polen de unas a otras.

POLINIZACIÓN ARTIFICIAL

El declive de los polinizadores naturales ha empujado al ser humano a hacer su papel de un modo artificial para asegurarse el éxito de las cosechas.

Como si se tratase de una filigrana, el polen se traslada de una flor a otra con un pequeño pincel.

POLINIZACIÓN MANUAL

El ser humano ha tratado de suplantar a la naturaleza durante el proceso de polinización realizándola de forma manual, ya sea obligado por la necesidad, a falta de polinizadores naturales, o porque se busca evitar alteraciones en las características específicas que posee una determinada planta. En este último caso se tapan las flores con unas bolsas de papel para evitar que la intervención del viento o de algún animal transporte hasta las mismas el polen no deseado de otras flores. Durante el proceso de polinización se recoge con un pincel el polen del estambre y

Cada flor necesita un pincel o brocha característico para forzar su polinización manualmente.

se traslada hasta el estigma, en un proceso sumamente laborioso.

A este tipo de polinización han tenido que recurrir los agricultores en China para la producción de algunos frutales como manzanos y perales, ya que el excesivo uso de pesticidas y la reducción de su hábitat natural han acabado con las abejas y otros insectos. Para llevar a cabo esta ardua labor, utilizan tarros de polen y pinceles con los que de una en una van impregnando las flores; los niños también colaboran subiéndose a los árboles para alcanzar las más altas. Este trabajo solo se lleva a cabo debido al valor económico que conlleva la producción de estas frutas.

POLINIZACIÓN DEL AGUACATE

A pesar de la abundantísima floración del aguacate, menos del 1 % acaba convirtiéndose en fruta; por eso en el malagueño Instituto de Hortofruticultura Subtropical y Mediterránea La Mayora están investigando cómo mejorar la producción. Uno de los estudios consistía en ensayar la polinización manual y si bien es cierto que se aumentó el cuajado en un 3 % o 4 %, debido a su complejidad y a la necesidad de abundante mano de obra, no compensa a nivel comercial. Por eso se ha optado por poner hoteles de insectos en las plantaciones y así favorecer que las abejas solitarias realicen esta tarea, ya que la abeja melífera no es el polinizador más óptimo para el aguacate.

Una abeja sobre la planta del aguacate, quizá proveniente de un hotel de insectos.

¿POR QUÉ NO HAY ABEJAS EN ALGUNAS REGIONES DE CHINA?

Durante su mandato, Mao Tse Tung tuvo la absurda idea de eliminar una parte de la fauna, como mosquitos, moscas, ratones y sobre todo gorriones, creyendo que eran perjudiciales para el rendimiento de la agricultura, por lo que inició «la campaña de las cuatro plagas» con el objetivo de exterminar estas especies.

Los gorriones, considerados por él uno de los peores enemigos, estuvieron a punto de ser extinguidos por completo si no llega a ser porque, algunos años después, un grupo de científicos hizo saltar la alarma al asegurar que estas aves comen más insectos que grano o fruta. Sin embargo, en algunas regiones ya era demasiado tarde: el equilibrio de la naturaleza se había roto y se produjo una terrible plaga de langostas que desembocó en una gran hambruna. Las cosechas fueron arrasadas y la mortalidad se disparó.

Los insectos se multiplicaban sin freno y entonces, para acabar con ellos, se procedió a fumigar grandes cantidades de plaguicidas, matando tanto a los insectos perjudiciales como a otros muchos beneficiosos y que precisamente ejercen de control biológico de plagas. El resultado fue la extinción de las abejas y demás polinizadores. Aunque ha pasado mucho tiempo desde entonces, los ecosistemas no han recuperado plenamente su salud. Una historia de la que todos deberíamos aprender.

ABEJAS ROBOT

El declive de las abejas debido a una combinación de factores que veremos más adelante, unido a la inviabilidad económica y física de la polinización manual, han empujado a diversos científicos a intentar sustituirlas mediante la tecnología. A lo largo de los últimos años se han realizado múltiples ensayos para construir abejas robot capaces de polinizar unos cultivos cuya demanda crece a medida que también lo hace la población mundial.

La tecnología puede ayudar, pero nunca sustituir el papel de los polinizadores. Como mucho, pueden complementar su labor.

En 2013 y tras más de una década de investigaciones, la Universidad de Harvard presentó el primer *RoboBee*, un diminuto robot volador inspirado en las abejas, entre cuyas novedades destacaba la capacidad de moverse tanto en el agua como en el aire y adherirse a superficies lisas. Tras ello, un grupo de la Universidad de Delft, en los Países Bajos, dio a conocer el *DelFly*, un pequeño dron con capacidades motrices optimizadas: su ritmo de aleteo de 17 veces por segundo le permitía realizar movimientos sumamente precisos.

Posteriormente, la Universidad Politécnica de Varsovia creó en 2017 las primeras abejas robóticas capaces de polinizar. Se trata de unos drones en miniatura que pueden encontrar la flor masculina, recoger el polen de ella y transferirlo a una femenina. Desarrollaron dos tipos de robots, uno volador y otro terrestre, ambos armados con un pincel al que se adhiere el polen que luego se reparte entre las flores. Asimismo, a través de un programa informático, podían elegir las flores concretas que querían polinizar. Parece ser que las pruebas tuvieron éxito y se consiguieron obtener las primeras semillas por este sistema. Sin embargo, sus autores aseguran que no pretenden sustituir a las abejas, sino ayudarles en su labor y completarla. Los robots, además, tienen otras aplicaciones, como la dosificación de los fertilizantes, abonos o pesticidas utilizados en los cultivos.

También en ese año surgió «Plan Bee», un robot de dimensiones relativamente grandes que consta de un núcleo de espuma y un cuerpo de plástico, para que sea lo más ligero posible, junto con un par de hélices que le permiten mantenerse en el aire. Asimismo, en la parte inferior posee una serie de agujeros encargados de absorber el polen de las flores, que se almacena en el cuerpo del dron antes de expulsarlo sobre otras plantas.

En Estados Unidos se lleva trabajando desde hace unos años con *Dropcopter*, un dron de gran tamaño que vuela a unos tres metros por encima de cultivos de manzanas, almendras, cerezas y peras, y sobre cuyas copas deja caer una capa uniforme de polen. La empresa que lo fabrica asegura que esta técnica aumenta la producción entre un 25 % y un 60 %. La labor se puede llevar a cabo por la noche o con bajas temperaturas, momentos en los que las abejas están inactivas.

La corporación multinacional de tiendas Walmart también ha puesto el foco en la crisis de los polinizadores y patentó en 2018 el *Pollination Drone*, que combina partes pegajosas para recoger el polen con cámaras y sensores.

El insecto electrónico imita la actividad de las abejas, pero generalmente no es rentable.

Pero pese a los avances tecnológicos, muchos científicos no creen que esta sea la solución. Se calcula que el coste de reemplazar a todas las abejas del planeta ascendería a unos 36 000 millones de euros anuales por un servicio que la naturaleza nos ofrece gratuitamente. Pero sobre todo hay que tener en cuenta que estos insectos no son solo fundamentales para la producción de alimentos, sino que tienen un rol imprescindible en la reproducción de plantas silvestres y en el incremento de la biodiversidad, esencial para nuestro bienestar.

ABEJAS ROBOT

¿Por qué son tan importantes las ABEJAS?

PANORAMA GENERAL

Prácticamente el 90% de las plantas silvestres y el 75% de los principales cultivos mundiales (no solo alimentarios, sino también de biocombustibles, fibras, medicamentos o forraje para el ganado) dependen de la polinización animal, un factor clave para la buena salud de los ecosistemas.

El papel fundamental de la abeja es el mantenimiento del ecosistema gracias a su laborioso trabajo polinizador.

Dentro de la polinización realizada por insectos, se estima que entre un 80% y un 95% es llevada a cabo por las abejas, a las que se considera el polinizador universal, debido a una serie de características que las hacen únicas. Estos animalitos han desarrollado notables adaptaciones para realizar dicha tarea (como órganos especiales para transportar el polen), debido a que su dieta depende exclusivamente de polen y el néctar; además, sus hábitos recolectores son muy especializados y visitan una gran cantidad de flores.

Las melíferas (*Apis mellifera*) son las más abundantes. Viven en colonias de entre 30000 y 80000 individuos, de los que dos terceras partes son obreras pecoreadoras que salen todos los días a lo largo de la temporada, recogiendo grandes cantidades de polen y néctar que hacen posible la supervivencia de la colmena. Gracias a su capacidad de comuni-

cación (el famoso «baile») se informan unas a otras de la ubicación de la fuente de alimento, mostrando lo que se conoce como fidelidad floral: mien-

Transporte de colmenas.

LA DANZA DE LA ABEJA

Según los círculos que la abeja ejecute con su danza nos indicará la distancia a la fuente de alimento. A la izquierda, danza en círculo, que indica floración cercana; a la derecha, danza octana, que «describe»una floración distante.

Para el ser humano, la abeja es una colaboradora en la producción de los cultivos y una productora de miel, cera o polen entre otros.

tras una especie vegetal está produciendo polen o néctar (algo para lo que cada planta requiere unas condiciones determinadas de temperatura y humedad), las recolectoras concentran temporalmente su trabajo en flores de esa misma especie, aumentando así la probabilidad de una transferencia exitosa de polen. Además, como hemos visto, los apicultores pueden transportar las colmenas de un sitio a otro, tanto para que polinicen distintos cultivos como otras zonas de floración. Sin olvidar que también nos proveen de distintos productos (miel, cera, propóleo, jalea real o polen) que favorecen nuestro bienestar.

En cuanto a las especies silvestres, muy desconocidas en comparación y que hasta ahora han sido infravaloradas, se ha descubierto que pasan más tiempo sobre las flores que las domésticas, por lo que se calcula que su probabilidad de realizar una buena polinización es de un 72 %, mientras que con los abejorros desciende a un 35 % y un 34 % en el caso de las melíferas. Las abejas solitarias tienen que recoger grandes cantidades de polen para que sus crías se alimenten durante la etapa larval. Pueden realizar unas 900 visitas a las flores por cada celda de cría que tengan (normalmente varias por nido), debido a lo cual hacen muchos más viajes que cualquier otro insecto. Dentro de esta diversidad de abejas hay una variedad de temporadas de vuelo, períodos de actividad, comportamiento y características físicas, como el tamaño del cuerpo y

la longitud de la lengua, que determinan el tipo de flores visitadas y pueden dar como resultado relaciones altamente especializadas. Algunas especies solitarias se consideran las más efectivas para una variedad de cultivos que incluyen grosellas negras, frambuesas y cerezas.

Las abejas de especies solitarias hacen muchas visitas a las flores y en cada viaje favorecen la polinización.

ABEJAS Y BIODIVERSIDAD

Cada ecosistema está formado por una tupida red de complejas interacciones en las que millones de especies se relacionan entre sí de distintos modos, ya sea compitiendo, alimentándose unas de otras o colaborando entre ellas.

Hotel ecológico de insectos instalado para ayudar a conservar la biodiversidad.

Para conservar el medio ambiente es necesario mantener este delicado equilibrio en el que, si bien cada integrante desempeña un papel muy importante, se podría decir que el de las abejas es fundamental.

Casi el 90 % de las plantas silvestres dependen de la polinización animal, principalmente de las abejas, y son estas plantas las que constituyen la base de los hábitats que forman los ecosistemas. Una disminución en el éxito reproductivo de algunas plantas puede conducir a cambios importantes en la comunidad vegetal, lo que a su vez tendría efectos en cascada sobre la comunidad animal asociada. Es decir, si la polinización de las plantas falla, también lo hará la cadena trófica, ya que sin polen y néctar, frutos y semillas, muchos animales desaparecerían al no tener qué comer, y lo mismo le ocurriría a los depredadores de dichos animales, a los que se alimentan de los mencionados depredadores, etc., conduciendo a una irremediable pérdida de un sinfín de especies animales y vegetales.

Las abejas también regulan las relaciones de competencia entre las plantas. No solo favorecen su reproducción, sino que influyen en la coexistencia de distintas especies vegetales, evitando que la más competitiva acabe dominándolo todo. Además, a lo largo de la historia han desempeñado un rol importante en la diversificación floral. Si sienten predilección por unas flores con un color o una forma determinadas, dentro de una misma especie, las visitarán con más asiduidad, propiciando que precisamente esas se reproduzcan más y, a la larga, se irán fijando esas características en la población. Es decir, las abejas participan en la selección natural.

ECOSISTEMA

Un ecosistema es un engranaje complejo de relaciones que existen entre las distintas comunidades de organismos vivos y el medio ambiente físico en el que viven. Se tienen en cuenta tanto las relaciones de mutua dependencia de los seres vivos como el flujo de energía y materia que tiene lugar en el medio ambiente, procesos que para su estudio son comprendidos como un todo estructurado y organizado.

Además, en la zona de sus explotaciones, se realizan siembras de especies autóctonas que han sido seleccionadas previamente para adaptarlas a las preferencias de las abejas.

Algunos proyectos de restauración de la biodiversidad en canteras y espacios mineros consisten en la instalación en la zona de colmenas en las que se prioriza el bienestar de las abejas (minimizando el estrés al que están sometidas las colonias productoras).

El objetivo de estos proyectos es la recuperación ecológica de dichas canteras, favoreciendo la polinización e impulsando la biodiversidad natural, además de ayudar en la recuperación de los enjambres actualmente en regresión.

BIODIVERSIDAD

Uno de los escasos estudios llevados a cabo sobre la relación de las abejas en el ecosistema en el que están insertas, realizado por la Universidad estadounidense de Emory, puso de manifiesto que la desaparición de una sola especie de abejorro en un ecosistema tiene un impacto rápido, produciendo un descenso importante en la producción de semillas de algunas plantas. Según los autores, este descubrimiento sugiere que la disminución global de los polinizadores podría tener un mayor impacto, tanto en las plantas con flor como en los cultivos alimentarios, de lo que anteriormente se creía.

ECOSISTEMA FORESTAL

La función de las abejas en la reproducción de especies arbóreas es seguramente mucho menos conocida que su papel en la agricultura, pero no por ello es menos importante, ya que contribuyen a mantener los ecosistemas forestales.

Un amanecer brumoso en un campo de almendros del valle del Duero. Sao Joao da Pesqueira (Viseu, Portugal).

Si bien es cierto que en los climas templados la mayor parte de los árboles silvestres (pino, roble, encina, etc.) son polinizados por la acción del viento, otras especies de menor porte y los arbustos necesitan a estos insectos para el transporte del polen.

Donde es indispensable la presencia de las abejas es en los bosques tropicales, ya que polinizan la mayoría de los árboles que allí viven, con lo que contribuyen a la restauración y conservación de los mismos. No hay que olvidar que estas selvas ayudan a estabilizar el clima mediante la absorción de dióxido de carbono de la atmósfera y, aunque parece ser que el fitoplancton de los océanos es el verdadero pulmón del planeta, se calcula que el Amazonas genera más del 20 % de oxígeno de la Tierra. Además, mantienen el ciclo del agua a través del proceso de transpiración, fomentando la concentración de nubes y posterior precipitación; proporcionan alimento y refugio a multitud de especies animales, y las raíces de los árboles sirven de anclaje al suelo, reduciendo la erosión.

Según un estudio llevado a cabo en Brasil, las abejas facilitan la polinización de especies arbóreas a mayores distancias que otros insectos, contribuyen a aumentar la diversidad genética de los mismos, y estimulan su reproducción y resistencia, principalmente en ecosistemas degradados. Para la investigación, los autores escogieron varios terrenos en el sudeste del país: uno de ellos se había convertido en campos de caña de azúcar y solo mantenía, repartida en pequeños fragmentos, el 7 % de su vegetación original. Las otras dos zonas de observación estaban menos degradadas: una contaba con gran diversidad de árboles introducidos hace un par de décadas para aumentar la cubierta forestal y mantener las masas de agua allí existentes; la otra incluía humedales con vegetación herbácea. En cada uno de esos emplazamientos se instalaron trampas para recolectar ejemplares de abejas en el momento álgido de la temporada de floración. Luego analizaron la abundancia y diversidad de las poblaciones de estos himenópteros junto con los granos de polen que llevaban adheridos a sus cuerpos, con el fin de determinar con qué plantas habían interactuado.

Así, durante dos años recolectaron 727 individuos de 85 especies diferentes de abejas que habían visitado 220 plantas distintas, y se dieron cuenta de que estos insectos eran menos abundantes en ambientes altamente perturbados, como los campos de caña de azúcar o los humedales transformados por la acción humana, encontrándose una mayor variedad y cantidad de abejas en el resto. También observaron cómo el aumento de las poblaciones de abejas incrementa la dispersión del polen cuando se realiza una siembra para proyectos de restauración, por lo que ayuda a regenerar los bosques en áreas degradadas. Los científicos llegaron a la conclusión de que los programas de recuperación forestal tienen el poder de favorecer a las poblaciones de abejas, al mismo tiempo que ellas estimulan la reproducción y resistencia de las especies arbóreas nativas.

ECOSISTEMA FORESTAL

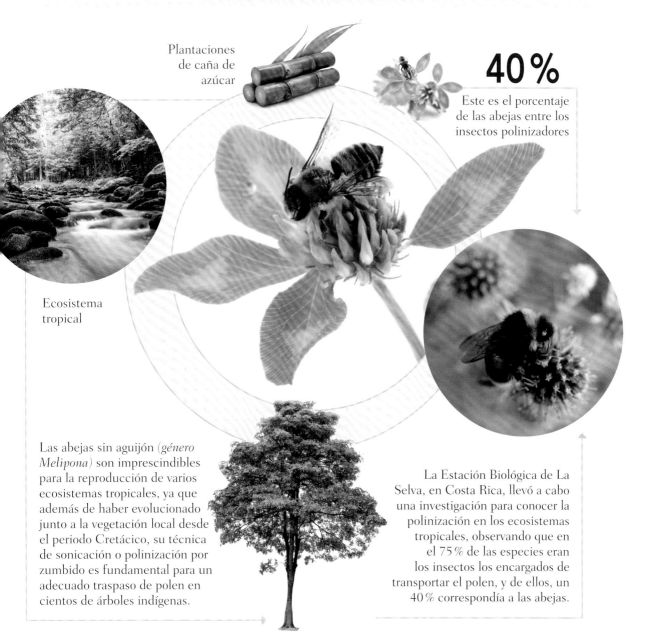

Plantaciones de caña de azúcar

40 %

Este es el porcentaje de las abejas entre los insectos polinizadores

Ecosistema tropical

Las abejas sin aguijón (*género Melipona*) son imprescindibles para la reproducción de varios ecosistemas tropicales, ya que además de haber evolucionado junto a la vegetación local desde el periodo Cretácico, su técnica de sonicación o polinización por zumbido es fundamental para un adecuado traspaso de polen en cientos de árboles indígenas.

La Estación Biológica de La Selva, en Costa Rica, llevó a cabo una investigación para conocer la polinización en los ecosistemas tropicales, observando que en el 75 % de las especies eran los insectos los encargados de transportar el polen, y de ellos, un 40 % correspondía a las abejas.

ECOSISTEMA AGRÍCOLA

Cada vez que tomamos un café o comemos alimentos como las almendras, el chocolate, las pipas o una simple manzana, deberíamos acordarnos de las abejas.

Plantación de pimiento. En este, como en casi todos los campos de cultivo, la acción de las abejas es fundamental.

Según los estudios realizados al respecto, tres cuartas partes de nuestros alimentos dependen de la polinización, por lo que nuestra salud está íntimamente ligada con la de estos himenópteros. Y cada vez somos más dependientes de ellos, ya que el volumen de producción agrícola que necesita dicha colaboración animal se ha incrementado en más de un 300% durante los últimos cincuenta años, mientras que la que no depende de este servicio se ha duplicado en el mismo periodo. En cifras económicas, la contribución de la polinización a la producción mundial de cultivos se estima entre 235 y 577 mil millones de dólares, según la Plataforma Intergubernamental de Biodiversidad y Servicios Ecosistémicos.

La Organización de las Naciones Unidas para la Alimentación y la Agricultura (FAO) afirma que un mundo sin polinizadores sería un mundo sin diversidad de alimentos y, a largo plazo, sin seguridad alimentaria: «Sin abejas, sería imposible alcanzar el objetivo principal de la FAO: un mundo sin hambre». De las casi 20000 especies de abejas que se tienen identificadas, alrededor de 3500 sobresalen por su importancia en los rendimientos agrícolas. Se sabe, por ejemplo, que la producción de frutas y semillas puede ser hasta un 90% menor en su ausencia.

Si bien es cierto que no todos los vegetales cultivados por el ser humano dependen de los polinizadores, muchos de ellos muestran un aumento en su productividad. Dependiendo de la especie de la que se trate, se estima que las abejas intervienen entre un 8 y un 100% en el rendimiento de las plantas cultivadas mediante la polinización. Árboles frutales (almendros, melocotoneros, cerezos, ciruelos, manzanos, perales, etc.), leguminosas forrajeras (como la alfalfa o el trébol), cucurbitáceas (melones, pepinos, calabazas, calabacines o berenjenas), plantas para la extracción de aceite (como la colza o el girasol), fibras textiles (como el lino y el algodón), cultivos hortícolas (fresas, frambuesas, zarzamora, tomates, etc.), y la vid son solo algunos ejemplos de alimentos que podrían resentirse por la falta de agentes polinizadores.

La cosecha de mandarinas, como la de muchos frutales, depende de la actividad de las abejas.

Generalmente el tamaño y la forma de un fruto están relacionados con la cantidad de semillas y estas lo están directamente con el número de granos de polen depositados sobre el estigma de la flor. Pero no basta con que una o dos abejas lleguen a un par de flores para que los frutos alcancen el tamaño, aspecto e incluso sabor al que estamos acostumbrados; hace falta además el trabajo de muchos de estos animales. Plantas y abejas llevan evolucionando desde hace miles de años y, normalmente, las primeras deciden invertir recursos en un fruto (desviando agua y azúcares a un melocotón por ejemplo) cuando este ha sido correctamente polinizado, es decir, cuando todas las flores reciben una adecuada dosis de polen. De esta manera se forman piezas grandes, uniformes y más atractivas para los animales, que las comerán y dispersarán sus semillas. Cuando vemos frutas u hortalizas deformes o que se estropean a mitad de su desarrollo, suele deberse a que no fueron visitadas por los suficientes polinizadores o que estos solo alcanzaron un lado de la flor, lo que puede suponer menos ingresos al agricultor. Pero ahí no acaba la cosa, ya que parece ser que los frutos bien polinizados poseen mejores cualidades nutricionales, e incluso saben mejor.

La importancia de las abejas silvestres ha crecido en los últimos tiempos debido a la dramática disminución de las melíferas por culpa de ácaros como la Varroa, que se han extendido por Europa y América. Además, hay varios cultivos para los cuales las abejas melíferas son polinizadores pobres en comparación con algunas abejas solitarias,

CAFÉ

Hasta hace unos años se consideraba que la aportación de las abejas en la producción de café era insignificante. Sin embargo, un nuevo descubrimiento demuestra que estos insectos incrementan entre un 10 % y un 20 % su rendimiento, mejorando la calidad de los frutos. Según el Smithsonian Institution de Washington, estos insectos polinizan en Panamá el 36 % de los cultivos, pero su presencia depende directamente de la existencia de árboles y arbustos dentro o alrededor de las plantaciones de café, para que proporcionen refugio y alimento. Se estima que el servicio de las abejas en la productividad del café podría suponer entre 180 y 360 millones de euros en todo el mundo.

Abeja polinizando la flor del cafeto.

como ocurre con la especie *Osmia cornifrons*, que poliniza árboles frutales en Japón, o *Megachile rotundata*, que hace lo propio con la alfalfa, principalmente en Estados Unidos.

LAS MEJORES FRESAS

Las fresas de mejor calidad, sabor y más atractivas a la vista son las que han sido polinizadas por las abejas, según un estudio de las universidades alemanas de Göttingen y Würzburg.

De acuerdo con este trabajo, dicha polinización mejora la calidad de la fruta, la cantidad producida y el valor del mercado de estos alimentos en comparación con las autopolinizadas o las que se reproducen gracias al viento.

Las fresas que habían recibido la visita de las abejas daban frutas con menos malformaciones, más firmes, de un color rojo más intenso y con una mejor relación azúcar-acidez que el resto.

11 % Es el cáculo estimado de la pérdida de producción de fresas sin la polinización de las abejas, según los expertos.

Planta silvestre de fresa.

sería el equivalente anual de pérdidas en la UE.

300 millones

Los investigadores apuntan que los resultados de este estudio «deberían ser transferibles a una amplia gama de cultivos y demostrar que la polinización de las abejas es un factor determinante hasta ahora subestimado pero vital y económicamente importante en cuanto a la calidad de la fruta».

La investigación se llevó a cabo plantando matas de fresas en un campo experimental donde conviven diversas especies de abejas silvestres y melíferas.

Unas plantas estaban expuestas a la visita de estos insectos; otras se encontraban protegidas de las abejas, pero abiertas a la acción polinizadora del viento, y las últimas, aisladas de insectos y viento, solo podían beneficiarse de la autopolinización.

Se comprobó que las primeras dieron frutos mejores: más rojos y brillantes, de textura más firme, con menos deformidades y con una vida útil hasta 12 horas más larga que las polinizadas por el viento.

Los expertos calcularon la pérdida en la producción de fresas dando el dato de un 11 % menos en el mercado, lo que equivale también a una reducción de 300 millones de euros anuales en el mercado de fresas de la Unión Europea.

CULTIVOS QUE POLINIZAN

Sabemos que las abejas intervienen en la polinización del 75 % de los cultivos mundiales y estos son los más ricos en micronutrientes fundamentales, como vitaminas, antioxidantes y minerales: el 98 % de la vitamina C, el 71 % de la vitamina A, el 100 % de algunos carotinoides y el 58 % del calcio de la dieta humana proceden de ellos. Por ejemplo, un almendro adecuadamente polinizado dará más frutos, mejor formados, de mayor tamaño y con más cantidad de vitamina E.

El calabacín es uno de los productos más dependientes de la acción de las abejas.

Dentro de los productos agrícolas existen distintos grados de dependencia respecto a la familia de las abejas. La polinización entomófila (por insectos) parece ser esencial para el cacao, la vainilla, el kiwi, la sandía, el melón, el maracuyá, la calabaza y el calabacín, ya que su producción en ausencia de abejas podría reducirse hasta en un 90 %. Otros alimentos como las almendras, manzanas, frambuesas, zarzamoras, moras, anacardos, mangos, melocotones, nectarinas, membrillo, nísperos, cardamomos, albaricoques, aguacates, arándanos rojos y azules, pepinos, pepinillos, peras, ciruelas, cerezas, café, nuez moscada o comino verían mermada su fructificación entre un 40 y un 90 %, por lo que presentan una dependencia grande. Los polinizadores aumentan moderadamente el rendimiento en habas, judías, castañas, cocos, berenjenas, soja, higos, fresas, fresones y girasoles, ya que sin ellos se reduciría entre un 10 % y un 40 %.

Otros, como las cebollas, cebolletas, puerros, repollos, coles de Bruselas, brécol, lechugas, perejil, rábanos, apios, alcachofas, canónigos o zanahorias, no necesitan de los insectos para reproducirse, pero sí incrementan la producción de semillas, que oscila entre un 100 % en el rábano y la col, y un 350 % en la cebolla.

En cuanto al forraje para el ganado (gracias al que podemos comer carne, leche y derivados), las abejas participan decisivamente en la reproducción de la alfalfa, la veza, el trigo sarraceno, y el trébol dulce, rojo, rosa y blanco. También intervienen en algunos cultivos industriales, como el lino o el algodón, y en la producción de aceite de girasol, cártamo, colza o linaza.

Sin embargo, no todos nuestros alimentos necesitan ser polinizados. Por ejemplo, cereales como el arroz, el trigo, el maíz, la avena, la cebada, el mijo o el centeno, sobrevivirían incluso si nuestros polinizadores no lo hicieran, ya que se reproducen por autopolinización, son polinizados por el viento, o por partenocarpia (producción de frutos y semillas sin necesidad de fecundación).

LA VAINILLA

Los primeros en cultivar la aromática planta de la vainilla (de la familia de las orquídeas) fueron los totonacas, que vivían en la actual Veracruz (México). Según una leyenda indígena, existió una bella princesa llamada Xanath, que se enamoró de un muchacho pobre, con el que tenía que verse a escondidas, puesto que su padre jamás aceptaría el romance. Un día, el dios de la felicidad la vio y quedó prendado de ella, pidiéndola en matrimonio. El padre de Xanath, halagado, concertó una cita entre ambos, pero la princesa no estaba dispuesta a casarse con alguien que no fuera su amado, lo que enfureció al dios quien, sumamente irritado, lanzó un conjuro sobre la doncella y la transformó en una planta débil de flores blancas y exquisito aroma: la vainilla.

Esta exigente flor, que da un único fruto, es hermafrodita aunque, para evitar la autofecundación, los órganos masculinos y femeninos están separados por una membrana. Durante siglos, el ser humano intentó cultivar la vainilla fuera de Veracruz, pero todos los intentos fracasaron, ya que su flor depende de la polinización de una abeja local (melipona), que tampoco pudo ser introducida en otras zonas. Así, México conservó el monopolio de la vainilla durante 300 años, siendo la especia más cara del mundo tras el azafrán.

75 % Este es el porcentaje de intervención de las abejas en la polinizaciòn de los cultivos mundiales.

Los cultivos polinizados por las abejas son más ricos en nutrientes.

98 %

71 %

Vitamina C

Vitamina A

100 %

Carotenoides

58 %
Calcio

Planta de la vainilla.

ANIMALES INTELIGENTES

Las abejas no dejan de sorprender a los científicos. Pese a su pequeño cerebro, cada nueva investigación sobre las capacidades cognitivas de estos animales pone de manifiesto su inteligencia.

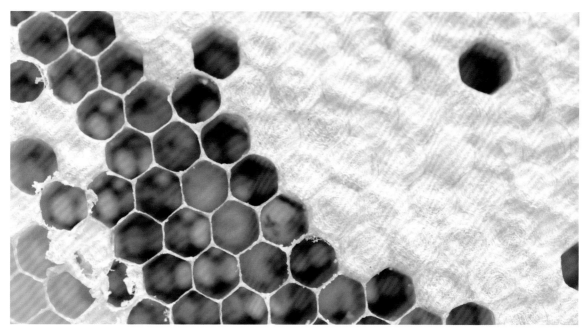

La forma hexagonal de las celdas del panal ya implica inteligencia espacial.

El descubrimiento de la danza que realizan las abejas cuando regresan a la colmena después de encontrar una fuente de néctar, y que le valió a Von Frisch el Premio Nobel en 1973, es una muestra de cómo estos animales son capaces de señalar ubicaciones precisas mediante un lenguaje simbólico. Desde entonces, se han realizado diferentes experimentos que corroboran lo listas que son. En uno de ellos, llevado a cabo por la Universidad londinense Queen Mary y la Universidad Macquarie de Sidney, se puso a prueba la capacidad de imaginar cosas de estos insectos. Los humanos podemos encontrar objetos en la oscuridad mediante el tacto gracias a la complejidad de nuestro cerebro, que nos permite formarnos imágenes mentales; esta habilidad, que se sepa, la compartimos con primates, delfines , ratas…y también con las abejas.

El estudio consistía en entrenar a varios abejorros para que diferenciaran a oscuras unas formas: esferas y cubos, que contenían en su interior un premio dulce y una sorpresa de amarga quinina,

respectivamente. Los insectos eligieron el objeto gratificante y pasaron más tiempo explorándolo. A continuación, les dejaron buscar su recompensa en una habitación iluminada, aunque esta vez no podían tocar ni posarse sobre las esferas y cubos, ya que estaban cubiertos por un cristal, por lo que solo podían verlos. Pero volvieron a acertar prefiriendo la forma que habían aprendido, mediante el tacto, que era gratificante. Es decir, que en su cerebro cruzaron la información sobre las hechuras redondeadas del objeto que notaron con sus patas y la unieron a la información visual sobre su aspecto de bola. Esto confirma que las abejas se pueden formar representaciones complejas de su mundo, por lo que los autores afirman que «parecen tener al menos algunas de las principales características de la consciencia: la representación del tiempo y el espacio».

ABEJORROS «FUTBOLISTAS»
En otro experimento llevado a cabo por las mismas universidades se demostró que las abejas no solo

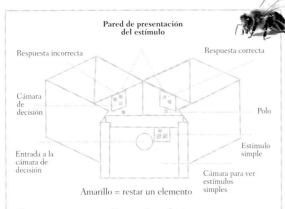

Pared de presentación
del estímulo

Respuesta incorrecta

Respuesta correcta

Cámara
de
decisión

Polo

Entrada a la
cámara de
decisión

Estímulo
simple

Cámara para ver
estímulos
simples

Amarillo = restar un elemento

EXPERIMENTO DE DYER: las abejas eran capaces de sumar y restar para encontrar el camino correcto un 72% de las veces.

MATEMÁTICAS

Aunque desde hace tiempo se conocen las capacidades matemáticas de las abejas, por ejemplo a la hora de construir sus panales, investigadores australianos y franceses han demostrado que también comprenden el concepto de cero. En una prueba presentaron a los insectos una serie de imágenes con diferentes cantidades de elementos; los insectos debían elegir la cantidad más baja para poder recibir la recompensa. Tras varias rondas, se les enseñó una imagen en la que no había nada frente a otra con un número bajo de elementos, y eligieron la vacía. Posteriormente los científicos hicieron otro experimento en el que entrenaban a las abejas para realizar sumas y restas sencillas y tras un tiempo de entrenamiento aprendieron a hacerlo correctamente. Todo esto demuestra que la familia de las abejas tiene lenguaje simbólico, percepción visual avanzada, y capacidad para la toma de decisiones y la planificación.

pueden aprender tareas complejas, sino que también son capaces de observar y copiar a otros e, incluso, de innovar. Los científicos dividieron a varios *Bombus* en tres grupos: en el primero usaron un abejorro de plástico para mostrar a los reales cómo trasladar una pelota desde un extremo al centro de una plataforma, momento en el que un mecanismo liberaba agua azucarada; otro grupo vio cómo la pelota se movía sola, por efecto de un imán, y el tercero no recibió ninguna indicación..

Unos días después, los individuos que habían observado al abejorro falso realizar la tarea, la resolvieron mucho más rápidamente y con más éxito que el resto, y los que vieron la bola moverse sola dieron con la solución antes que los que no habían podido ver nada. Pero además, en el experimento había tres pelotas a diferentes distancias del cen-

La disposición hexagonal es la más eficiente para aprovechar el espacio.

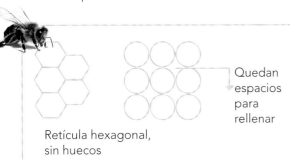

Quedan
espacios
para
rellenar

Retícula hexagonal,
sin huecos

En 1999 el matemático de la Universidad de Michigan Thomas C. Hales demostró que los hexágonos son el medio más económico para construir un panal, porque no dejan hueco y por tanto no se desperdicia la cera.

tro, y los investigadores, invariablemente, movían la que estaba más lejos. Sin embargo, los abejorros casi siempre desplazaban la que se encontraba más próxima a su azucarado objetivo, lo que indica que no estaban copiando, sino que mejoraban la ejecución recurriendo a un método más fácil, lo que implica capacidad de innovar y flexibilidad mental.

SU IMPORTANCIA EN CIFRAS

A continuación, presentamos algunas cifras relacionadas con las abejas; en la mayoría de casos se refiere a las melíferas (*Apis mellifera*) ya que son, con mucho, las más conocidas y estudiadas.

Existen más de 20 000 especies de abejas silvestres en todo el mundo.

Abeja carpintero

Apis mellifera

Osmia rufa

La población de un enjambre de abejas melíferas (Apis mellifera) oscila entre los 30 000 y los 80 000 individuos, entre los que hay una reina, varios cientos de zánganos y miles de obreras.

Cuando se dan las condiciones óptimas, la reina es capaz de poner entre 1 500 y 3 000 huevos al día, es decir, dos por minuto. En un año puede poner 200 000 huevos.

Mueven sus alas unas 200 veces por segundo

Las abejas domésticas vuelan a una velocidad de unos 29 km/h cuando van sin carga y con el viento en calma

No suelen alejarse más de 3 kilómetros de la colmena

Casi el 90 % de las plantas silvestres depende en cierta medida de la polinización animal.

Para producir un kilogramo de miel, las abejas tienen que visitar dos millones de flores y volar unos 80 000 kilómetros. Es decir, el equivalente a dos veces la circunferencia de la Tierra.

La producción anual de miel de la abeja melífera se estima 1,6 millones de toneladas.

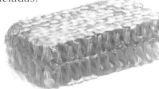

Para producir un kilogramo de cera las abejas necesitan ingerir entre 7 y 12 kilos de miel.

Más del 40 % de las especies de polinizadores invertebrados, particularmente abejas, se encuentra en peligro de extinción.

Abeja carpintero

Apis mellifera.

Una sola abeja melífera puede producir una cucharadita y media de miel durante toda su vida.

Idea leuconoe

Las abejas de una colmena pueden recoger 35 kilos de polen al año.

Prefieren el néctar con una concentración de más del 20 % de azúcar.

Para que una abeja melífera llene su buche de néctar debe visitar entre 1 000 y 1 500 flores.

Según la Organización de las Naciones Unidas para la Alimentación y la Agricultura (FAO), el 75 % de los cultivos alimentarios a nivel global dependen de la polinización.

El valor económico de la labor de polinización de las abejas (melíferas y solitarias) para la agricultura es de unos 265 000 millones de euros anuales en todo el mundo, 22 000 millones para Europa y más de 2 400 millones de euros para España, según Greenpeace.

La proporción de especies polinizadas por animales oscila, de media, entre un 80 % en comunidades de zonas templadas y un 94 % en comunidades tropicales.

ABEJAS EN LAS CIUDADES

Vivimos en un mundo cada vez más urbano. A lo largo del último siglo, millones de personas han migrado desde las zonas rurales a las ciudades, que actualmente acogen a más de la mitad de la población mundial y no parece que la tendencia vaya a revertirse, al menos a corto plazo. Hemos transformado los espacios naturales para adaptarlos a nuestras necesidades o comodidad, y esto tiene sus repercusiones, incluso entre las abejas.

Hotel para insectos en el jardín de un aficionado a la jardinería. Las abejas utilizaran los huecos para hibernar o poner huevos.

En los últimos años se ha observado un incremento de estos animales en las ciudades, quizá empujados por la pérdida de su hábitat natural, o porque el entorno agrícola, con sus monocultivos y pesticidas, hace que la alimentación de las abejas sea insuficiente y tóxica. Además, de las sequías que acarrea el cambio climático las matan de sed.

Por eso, las urbes pueden ofrecer varias ventajas para las abejas: en ellas alargan su periodo de recolección de polen, ya que las temperaturas son más elevadas; encuentran agua en fuentes, riegos o piscinas; tienen una mayor variedad de alimento gracias a las plantas ornamentales de parques, jardines y balcones, y, además, debido al reducido número de colonias en entornos urbanos, no tie-

nen que competir por la comida, con lo que están libres del estrés al que se ven sometidas algunas colmenas de producción comercial. Las abejas urbanas suelen presentar un mejor estado sanitario porque al estar más aisladas se producen menos contagios de parásitos y enfermedades. Y la exposición a pesticidas y fitosanitarios suele ser mucho menor que en las poblaciones cercanas a campos agrícolas. Por su parte, ellas colaboran con lo que mejor saben hacer: polinizar la vegetación urbana.

Si bien es cierto que su presencia puede ser molesta para quienes les tengan miedo, además del peligro que supone una posible picadura para los alérgicos, las abejas no son agresivas en absoluto, y nunca atacan sin motivo; únicamente lo harán si

Colmenas en un apiario en el jardín de un edificio moderno en el centro de una ciudad.

nos acercamos demasiado a su colmena o se sienten muy amenazadas; saben que un único picotazo, a las abejas melíferas, les cuesta la vida.

MIEL URBANA

Nueva York, Londres y París han sido pioneras en la legalización de la apicultura urbana y ya es posible comprar «Miel de Londres» o «Miel de París», como si de una denominación de origen se tratara. Respecto de estas nuevas mieles de ciudad, surgen preguntas sobre la influencia que tienen en ellas las partículas de contaminación que se depositan sobre árboles, plantas y flores. En relación a ello, un estudio elaborado por la Asociación Francesa de Apicultores muestra sorprendentemente datos que apuntan a todo lo contrario, y según la AFSSA (Agencia Francesa de Seguridad Alimentaria), la

DE MODA EN PARÍS

A finales del siglo pasado se puso de moda cuidar abejas en París, invitándolas a establecerse en algunos tejados de la ciudad. En primavera de 2013 se instalaron varias colmenas en la catedral de Notre Dame, concretamente en el tejado de la sacristía, ya que su orientación sur lo hacía más adecuado. Allí las sorprendió, seis años después, el famoso incendio de este icónico templo, tras el cual casi todo el mundo dio por hecho que habían perecido en él. Para sorpresa general, en las imágenes posteriores detectaron unos «puntos» que volaban por la zona, confirmando que las abejas habían sobrevivido, y se habló de «el milagro de las abejas». Actualmente las colmenas siguen adelante, aumentando su población y produciendo miel.

Cerezos en flor cerca de la Catedral de Notre-Dame en París (Francia).

contaminación de París afecta menos a la miel que los fertilizantes, pesticidas y otros productos químicos utilizados en la campiña.

En España la apicultura no es legal en entornos urbanos, debido a que se la considera una actividad de explotación ganadera que debe mantener una distancia mínima de 400 metros respecto a ciudades, pueblos o establecimientos públicos. Existen sin embargo colmenas de observación y experimentales en Madrid y Barcelona, entre otras ciudades.

Colmenas de madera en un parque cerca del centro de una ciudad.

Enemigos
de las ABEJAS

ENFERMEDADES Y PARÁSITOS

Las abejas, al igual que todos los animales, incluido el hombre, son sensibles a las bacterias, virus, hongos y parásitos. La abeja melífera es particularmente vulnerable debido a su forma de vida, en la que miles de individuos conviven en la colmena y tienen un contacto continuo entre ellos. Su sistema inmune es relativamente débil, por lo que es importante que se encuentren en un estado óptimo tanto sanitario como de nutrición. A continuación, detallamos algunos de los problemas sanitarios más frecuentes en las colmenas.

ACARAPISOSIS

Es causada por un ácaro microscópico, *Acarapis woodi*, específico de la abeja de la miel. También se le denomina ácaro traqueal, ya que se alimenta de la hemolinfa (algo así como la sangre de los artrópodos), atacando al sistema respiratorio de las abejas de pocos días. Una infestación masiva causa

Ejemplar de abeja de la miel muerto.

Abejas muertas junto a un panal.

alta mortalidad y se transmite por contacto directo. Cuando la enfermedad se agrava, altera los músculos de las alas, por lo que las abejas no pueden volar o lo hacen muy lentamente.

Larvas de abeja.

LOQUE AMERICANA

Es una enfermedad grave causada por una bacteria productora de esporas llamada *Paenibacillus larvae*. Está presente en todo el mundo y mata las larvas en las celdillas de cría. Las colmenas infectadas a veces tienen un olor característico. La cría adquiere primero una tonalidad amarillenta y después marrón, transformándose en una masa viscosa. Las larvas se contagian al ingerir alimento contaminado; posteriormente, las obreras limpiadoras que eliminan la cría muerta, esparcen involuntariamente las esporas por toda la colmena. El tratamiento con antibióticos destruirá las bacterias vegetativas pero no las esporas, así que la enfermedad se repetirá, por lo que se recomienda quemar la colmena y los equipos.

TROPILAELAPSOSIS

Existen varias especies de ácaros Tropilaelaps. Cada especie tiene un ámbito geográfico distinto, pero todas se encuentran en Asia. Estos ácaros son parásitos externos que se alimentan de las crías de abeja (larvas y pupas) y causan deformidades en los adultos. Se diseminan por contacto directo de abeja a abeja o por el movimiento de la cría.

Ácaro macho.

LOQUE EUROPEA

Está causada por la bacteria *Melisococcus plutonius*. A pesar del nombre no se encuentra en Europa, sino en Norteamérica, Sudamérica, Oriente Medio y Asia. Al igual que la loque americana, esta bacteria mata las larvas dejando vacías las celdillas del panal. La enfermedad se transmite por contaminación de los panales y tiende, por tanto, a persistir año tras año. También puede ser transmitida por las abejas que sobreviven a una infección en la fase larval y diseminan las bacterias en las deyecciones.

ESCARABAJO DE LAS COLMENAS

El pequeño escarabajo de las colmenas, *Aethina tumida*, es un depredador y parásito de las colonias de abejas melíferas. Es oriundo de África, pero fue introducido en los Estados Unidos, Egipto, Canadá y Australia por el movimiento comercial de abejas. Considerado como una plaga menor en su territorio original, se ha convertido en un problema importante en las zonas donde se ha introducido. La hembra adulta pone sus huevos en la colmena y cuando eclosionan, las larvas se alimentan de las crías de abeja, así como del polen y la miel; después dejan la colmena para entrar en la fase de pupa en el suelo. Una vez en el estadio adulto, vuelan en busca de nuevas colmenas, por lo que la propagación puede ser rápida, ya que tienen capacidad para desplazarse varios kilómetros.

Escarabajo de las colmenas.

NOSEMOSIS

Es producida por *Nosema apis*, un organismo clasificado como hongo que afecta al aparato digestivo de las abejas. Sobrevive en los excrementos diarreicos durante más de dos años y ataca principalmente a abejas adultas de más de 15 días de edad. Las abejas presentan debilidad general y una imposibilidad de volar, junto con temblores y parálisis.

ASCOSFEROSIS

El responsable es el hongo *Ascosphaera Apis*. Las larvas contraen la enfermedad al ingerir las esporas con el alimento. Los micelios invaden el cuerpo y atraviesan las membranas, llegando a la superficie de la larva; entonces esta se transforma en una momia de color blanquecino, que con posterioridad se vuelve negruzca. La transmisión de la enfermedad se realiza principalmente mediante las obreras limpiadoras, que al intentar extraer las larvas muertas se contaminan.

Nido de abejas muertas en el suelo de un bosque.

Larva de polilla de cera.

GALLERIOSIS

Galleria mellonella es conocida como la polilla de la cera y constituye una plaga de orugas que destruye los panales que han contenido cría o polen, tanto en el almacén del apicultor como en las colmenas. Dichas orugas se alimentan de las proteínas que pueden encontrar, ya sean restos de capullos de las abejas o polen. Prolifera mucho en ambientes cálidos. La polilla pone sus huevos en los panales con polen que posteriormente las orugas irán royendo, formando galerías en las que dejarán una especie de «sedas» que inutilizan el cuadro. No afecta a las abejas, solo a los materiales de explotación como cuadros y cajas.

VARROOSIS

Existen cuatro especies de ácaros Varroa, pero *Varroa destructor* es el más importante. Procedente de Asia, ha conquistado todo el mundo salvo Australia y parte de Nueva Zelanda. Constituye actualmente el principal problema de la apicultura y es la única enfermedad que ataca indistintamente tanto a las abejas adultas como a las crías. Este ácaro, cuyo aspecto recuerda al de una garrapata, se adhiere al cuerpo de las abejas causándoles heridas, atacando a las crías o chupándoles la hemolinfa. En definitiva, debilitan las colmenas volviéndolas susceptibles al ataque de cualquier virus.

Las abejas afectadas no alcanzan un tamaño adecuado, y sufren malformaciones anatómicas, como alas atrofiadas, abdomen reducido, talla pequeña o ausencia de antenas. También provoca en las abejas una actividad más intensa, ya que intentan desembarazarse de sus huéspedes. Se puede combatir de manera ecológica con timol, un producto natural procedente de los aceites esenciales de tomillo u orégano.

ENEMIGOS NATURALES

Las abejas, aparte de ser beneficiosas para la biodiversidad y la especie humana, también forman parte de la dieta de varios animales, principalmente aves, anfibios y reptiles, y otros artrópodos. Presentamos algunos de sus depredadores más destacados.

Abejaruco *Merops apiaster*

AVES

ABEJARUCO (*Merops Apiaster*)

Seguramente los «comedores de abejas» por excelencia son los abejarucos, pertenecientes a la familia *Meropidae*, que consta de 22 especies, la mayoría de las cuales reside en África aunque algunos, como *Merops apiaster*, migran en primavera hacia Europa. De colores vivos y muy sociables, se les reconoce rápidamente por el ruidoso y peculiar sonido que emiten.

Abejaruco *Merops apiaster*.

Abejaruco de frente blanca de Sudáfrica.

Este llamativo pájaro tiene un pico alargado y curvo, especializado en capturar abejas y avispas, que normalmente atrapa al vuelo;

posteriormente, golpea y frota repetidamente a su víctima contra una superficie dura para eliminar el aguijón. Sin embargo, y pese al temor de los apicultores, según un estudio de la Universidad de Murcia estas aves no suponen ningún peligro para las colmenas: a lo largo de los aproximadamente seis meses que permanecen en Europa (de abril a septiembre), el abejaruco ingiere de media unas 1 500 obreras, lo que se considera una predación insuficiente para comprometer la viabilidad de un enjambre.

ABEJERO EUROPEO (*Pernis Apivorus*)

Esta rapaz cría en la mayor parte de Europa y pasa el invierno en África, donde puede llegar en su límite sur hasta Angola. Siente predilección por himenópteros sociales como avispas, avispones y abejorros, aunque también puede consumir escarabajos, larvas de mariposa nocturna, saltamontes y otros insectos, sin desdeñar anfibios, reptiles, pequeños mamíferos o huevos y pollos de aves. Las adaptaciones a sus preferencias alimentarias le llevan a sincronizar su ciclo reproductor y

Abejero europeo.

Papamoscas cerrojillo, *Ficedula hypoleuca*

migratorio con el periodo de mayor abundancia de estas presas, singulares para una rapaz. No ataca a las colmenas de abejas melíferas, ya que prefiere los nidos subterráneos de avispas o de abejorros, que desentierra sin gran esfuerzo gracias a sus robustas patas armadas de grandes uñas. Luego, coge a los insectos con el pico y les arranca el aguijón antes de comérselos. Las adaptaciones para esta dieta son las pequeñas plumas, tipo escama y muy densas, que forran su cabeza y reducen la posibilidad de picaduras, junto con patas fuertes dotadas de gruesas escamas y garras algo curvadas para excavar, además de unos orificios nasales tipo rendija para disminuir la posibilidad de obturación por tierra mientras cava. Posee cuatro placas córneas en el paladar y una rodera cartilaginosa que arma el párpado inferior, como defensa frente a los aguijonazos.

PAPAMOSCAS CERROJILLO (*Ficedula Hypoleuca*)

Es una pequeña ave migratoria que se reproduce en la mayor parte de Europa y Asia Occidental y pasa el invierno en África. Los insectos componen casi la totalidad de su dieta, principalmente abejas, avispas, escarabajos y hormigas, pudiendo constituir estas últimas el 25 % de la alimentación de los adultos, mientras que los pollos son cebados principalmente con lepidópteros (mariposas) e himenópteros.

ANFIBIOS Y REPTILES

Las abejas también forman parte de la alimentación, en mayor o menor medida de anfibios y reptiles. Entre los primeros destaca la rana común (*Rana perezi*), que no duda en capturar alguna abeja despistada que se acerca a las charcas a por agua, y también el sapo común (*Bufo spinosus*) y el sapo corredor (*Epidalea calamita*). En cuanto a los reptiles, consumen abejas en menor medida, aunque ocasionalmente pueden dar cuenta de ellas el lagarto ocelado (*Timon lepidus*), la lagartija de Bocage (*Podarcis bocagei*) y las salamanquesas (*Tarentola mauritanica*).

Sapo común
Bufo spinosus

Rana comùn
Rana perezi

Salamanquesa *Tarentola mauritanica*

Sapo corredor
Epidale calamita

INVERTEBRADOS

Misumena vatia

ARAÑAS CANGREJO (*FAMILIA THOMISIDAE*)

Reciben este nombre por la semejanza en su apariencia y movimientos con el crustáceo. No construyen tela, ya que su táctica consiste en esconderse entre las flores, desde donde acechan a cualquier insecto que se acerque. Entonces se abalanzan sobre él y le inyectan un potente veneno con el que pueden matar a presas que las triplican en tamaño, aunque no afecta al ser humano.

Misumena Vatia

Es una araña pequeña (entre 4 y 10 milímetros) que posee la cualidad de la homocromía, es decir, es capaz de adaptar su color al lugar donde se encuentra para pasar desapercibida y capturar a los insectos que forman parte de su dieta.

Araña blanca *Thomisus onustus* devorando una abeja como presa.

Araña cangrejo de vara de oro (*Misumena vatia*).

Los colores adoptados pueden ser el amarillo, rosa y blanco, principalmente. El cambio de color tarda, aproximadamente, dos días en hacerse efectivo. Después de atrapar a su presa le clava sus venenosos quelíceros, provocándole la muerte. Al mismo tiempo, la toxina ablanda los tejidos corporales de la víctima, lo que permite a la araña absorberlos.

Araña cangrejo
Diaea dorsata

ARAÑA TIGRE (*Argiope Argentata*)

También conocida como araña plateada, es autóctona del continente americano. Se la puede encontrar con frecuencia cerca de las colmenas, donde teje su red en pastos altos o arbustos, junto a las flores.

Las abejas generalmente no perciben la telaraña, por lo que se quedan pegadas a ella e inmediatamente son inmovilizadas, para después recibir un veneno letal.

Araña plateada (*Argiope argentata*) posada en su tela.

AVISPAS

LOBO DE LAS ABEJAS (*Philanthus Triangulum*)

Es una de las muchas avispas que depredan sobre abejas. Aunque los adultos son fitófagos (se alimentan de néctar y polen), la especie debe su nombre a la conducta de las hembras fecundadas, que cazan principalmente *Apis mellifera*, aunque también, de forma excepcional, capturan abejas solitarias de los géneros *Andrena, Dasypoda, Halictus, Lasioglossum* y *Megachile*.

Agresivos ejemplares de *Philanthus triangulum*.

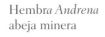

Hembra *Andrena* abeja minera

Abeja del género *Megachilidae*

18-28
milímetros de tamaño.

Vespa crabro

AVISPÓN EUROPEO (*Vespa Crabro*)

Pese a su gran tamaño (18-28 milímetros), no debe ser confundido con la invasora avispa asiática (*Vespa velutina*).

Avispón *Vespa crabro*.

Entre sus presas preferidas (sobre todo para alimentar a las crías) se encuentran las abejas, a las que decapita antes de comérselas. También le gusta entrar en las colmenas a robar miel, puesto que su dieta incluye néctar, savia o frutas maduras.

20
milímetros es el tamaño de una hembra adulta.

Vespa velutina

PÉRDIDA DE HÁBITAT

En los últimos años cada vez somos más conscientes de la crisis que están sufriendo las abejas, que no solo tienen que enfrentarse a enfermedades, parásitos y depredadores, sino a un número creciente de nuevos problemas provocados, en su inmensa mayoría, por la acción del ser humano.

Hotel para insectos, construido para reactivar la población de abejas.

La pérdida, fragmentación o deterioro del hábitat tienen efectos devastadores sobre la biodiversidad y puede que constituya el principal problema que sufren las abejas en los últimos tiempos, según algunos estudios que se han hecho al respecto. En la actualidad más del 40 % de la superficie terrestre libre de hielo ha sido modificada por la mano del hombre, ya sea debido a la expansión urbana, la minería, la construcción de diversas infraestructuras como carreteras y ferrocarriles o para destinarla a uso agrícola.

Dadas las complejas relaciones entre los seres vivos y su entorno, estos cambios tienen una gran repercusión en muchas especies de abejas. Si bien algunas, por sus características, son capaces de adaptarse a perturbaciones moderadas del medio en el que viven (incluso a asentarse en ciudades), otras, debido a sus hábitos alimenticios específicos o a que nidifican en el suelo y no encuentran sitio

Los materiales naturales en la construcción de estas casas las hacen plenamente sostenibles.

«La destrucción del hábitat está a menudo vinculada a la codicia y el materialismo del mundo desarrollado».
Jane Goodall

entre el asfalto, son mucho más sensibles y se ven abocadas a la desaparición.

La biodiversidad vegetal en la mayoría de las regiones del mundo también se ha visto sometida a rápidos cambios en las últimas décadas. Aunque existe poca información sobre ello, la variedad de plantas locales parece haber disminuido en muchos lugares y hábitats, lo que afecta especialmente a las que dependen por completo de los insectos como vectores para transportar el polen. Sin flores, las abejas no tienen alimento, y sin abejas, las flores no pueden reproducirse. La explotación agrícola del suelo también ha tenido un efecto muy negativo en estos insectos, con la destrucción de lugares propicios para el anidamiento y de las plantas que constituían su fuente de alimento original, además de la exposición a productos fitosanitarios. Pero eso se merece un capítulo aparte.

ECOSISTEMAS

Un estudio publicado en la revista *Ecosistemas* desvela que la pérdida de hábitat en la costa del levante mallorquín ha aumentado la fragilidad del ecosistema formado por la vegetación local y sus polinizadores, con una reducción considerable de abejas y avispas. Según los autores, las redes de polinización son claves para el buen funcionamiento de un ecosistema, por lo que la pérdida y degradación del hábitat está afectando directamente a su funcionamiento y, como consecuencia, a la flora y fauna de diversas zonas a nivel mundial. Uno de los territorios estudiados ha perdido un 52 % de su cobertura vegetal por el intento de construir un campo de golf ilegal; el otro cuenta con dos especies de abejas endémicas, *Dufourea balearica* y *Halictus microcardia*, esta última clasificada como amenazada. Si no se toman medidas, ambas podrían desaparecer, y este es solo un ejemplo de lo que ocurre en distintas partes del mundo.

Un hotel de abejas puede mejorar los estragos de la pérdida de hábitat natural.

AGRICULTURA INDUSTRIAL

Aunque tradicionalmente el ser humano se alimentaba de miles de variedades distintas de plantas, a partir de la «revolución verde», que tuvo lugar en la década de 1960, la agricultura industrial decidió apostar por unos pocos cultivos básicos (como el arroz, el maíz, las patatas y la soja que, precisamente, no necesitan ser polinizados por insectos) adaptados a la demanda del mercado.

En la imagen, una explotación agraria: la mitad del campo está sembrada de zanahorias y la otra mitad está lista para la siembra.

ALIMENTACIÓN DEFICIENTE

Dado que la necesidad de producir alimentos es cada vez mayor debido al aumento de la población, esta agricultura intensiva marca un antes y un después en la historia de los polinizadores y en muchas otras especies de invertebrados.

Este modelo de producción agrícola afecta de diversas formas a las abejas. Por un lado, «limpia» los campos de todo tipo de vegetación (salvo las especies elegidas), destruyendo y fragmentando los hábitats naturales junto con toda la biodiversidad que contienen. Además, repercute en la alimentación de estos beneficiosos insectos, llegando a producirles estrés alimentario.

Al disminuir las plantas silvestres, el florecimiento en masa de los monocultivos podría constituir una valiosa fuente de comida para las abejas y otros polinizadores. Sin embargo, esos recursos superabundantes solo están disponibles durante periodos muy cortos de tiempo y, en ocasiones, son cosechados antes de que lleguen a florecer. Además, dichos cultivos se pueden perder por factores externos, como una granizada, dejando a las abejas sin sustento alguno.

Otro problema de los monocultivos es que las abejas se ven forzadas a consumir un único tipo de planta, y esto puede tener consecuencias. El polen es su principal fuente de proteínas y lípidos, sien-

Colmenas de abejas en campos de lavanda y girasol.

Abeja polinizando un girasol.

do indispensable para su crecimiento y desarrollo. Por otra parte, cada tipo de polen tiene diferentes propiedades nutricionales, y así como los humanos debemos llevar una dieta variada para estar sanos, las abejas melíferas (que dado su carácter doméstico son las únicas de las que se tienen datos) requieren ingerir polen de distintas flores para que su sistema inmunológico sea óptimo. Curiosamente, tanto humanos como abejas necesitamos disponer de los mismos aminoácidos y ácidos grasos esenciales.

En el Instituto Nacional para la Investigación Agronómica (INRA) de Aviñón (Francia) han observado un posible vínculo entre la diversidad de la dieta de la abeja y la fortaleza de las mismas: «Hemos descubierto que las abejas alimentadas con una mezcla de cinco pólenes diferentes tenían niveles más altos de la glucosa oxidasa en comparación con las que solo comían de un único tipo de flor, incluso aunque esa flor tuviera un alto contenido de proteínas», asegura uno de los investigadores. Las abejas fabrican una enzima, la glucosa oxidasa (GOX) para romper la glucosa, conservar el pH de la miel y aumentar la resistencia ante una invasión de patógenos.

Numerosos grupos de científicos llevan a cabo actualmente estudios en los que se está investigando activamente el efecto de la calidad y la cantidad de polen que las abejas consumen en diferentes áreas agrícolas, principalmente en los Estados Unidos y Europa. Los resultados iniciales de los mismos apoyan la hipótesis de que el estrés nutricional asociado a la alimentación en monocultivos tiene como resultado, además de una mayor susceptibilidad a parásitos y enfermedades, un acortamiento de la vida útil de las obreras y una mayor probabilidad de perecer, principalmente durante el otoño e invierno. De igual manera, las primeras conclusiones indican que el efecto de otros factores asociados con la pérdida de colonias de abejas, como la exposición a insecticidas, tiene mayor incidencia cuando estos insectos están deficientemente alimentados.

Abeja melífera

1-7%
es el porcentaje de almidón que se encuentra en el polen.

16-30%
es el porcentaje de proteína que contiene el polen.

0-15%
es su contenido en azúcares.

3-10%
es el contenido de lípidos que contiene.

MAL USO DE LOS PRODUCTOS FITOSANITARIOS

La agricultura industrial tiene otras repercusiones importantes, aparte de la deforestación de los ecosistemas y su incidencia en la malnutrición de las abejas. Los monocultivos y su ausencia de biodiversidad generan grandes desequilibrios, ya que empobrecen el suelo y lo hacen vulnerable a plagas y enfermedades. Esto conlleva la aplicación de importantes dosis de productos químicos para combatirlas, una práctica que se ha generalizado.

Tractor fumigando un
campo de soja.

Entre estos pesticidas destacan los neonicotinoides, llamados así porque se trata de un derivado de la nicotina. Surgieron en la década de 1990 y son los más utilizados en los cultivos de todo el planeta. Se aplican en el suelo o en las hojas y también para recubrir las semillas. Es un insecticida sistémico, que penetra hasta los tejidos de la planta y se distribuye por todas partes, incluyendo el néctar y el polen, aparte de tener un efecto residual prolongado. En el caso de las semillas tratadas, el producto que las recubre va siendo absorbido por el sistema vascular de la planta y, a medida que esta crece, alcanza las hojas y contamina también las flores. Su uso se disparó rápidamente debido a su eficacia en muy bajas concentraciones.

Se considera que estos productos fitosanitarios son una de las principales causas de la desaparición de las abejas, en los últimos años. Actúan como neurotóxicos afectando al sistema nervioso central de los insectos hasta causarles la muerte. Las abejas se pueden contaminar indirectamente, al consumir polen y néctar, o directamente. Las larvas y la reina también se intoxican al ser alimentadas por las obreras que logran regresar al panal.

PROHIBICIONES

En 2018 los Estados miembros de la Unión Europea acordaron prohibir el uso al aire libre de tres pesticidas neonicotinoides (clotianidina, imidacloprid y tiametoxam), tras las advertencias de la Agencia Europea de Seguridad Alimentaria (EFSA) sobre sus riesgos para las abejas y otros insectos. Los resultados del estudio alertaban, además, de que la contaminación se transmite al suelo y al agua, afectando a flores silvestres y cultivos posteriores. Esta prohibición trajo como consecuencia que se popularizase otro pesticida, sulfoxaflor, un neonicotinoide de nueva generación cuyo ingrediente activo es la sulfoximina. No obstante, una investigación publicada en la revista *Nature*, advierte del impacto negativo que tiene este insecticida sobre los abejorros. Según el estudio, las colonias expuestas a este producto químico produjeron menos hembras trabajadoras y disminuyó en un 54% su capacidad reproductiva. Francia es uno de los países que encabeza la lucha contra los insecticidas y ha vetado también esta sustancia junto con la flupiradifurona.

Pero lo neonicotinoides no son los únicos productos dañinos para las abejas. Estas también se ven afectadas por diversos fungicidas que eliminan su flora microbacteriana y por los herbicidas. Entre estos últimos destaca el glifosato, usado para el control de las malas hierbas y la maleza. La forma más común de aplicarlo es rociando los sembrados, método que lo esparce más allá de los límites de la zona a tratar. En pocas décadas se ha aumentado su uso hasta llegar a ser el agroquímico más empleado en monocultivos y cultivos genéticamente modificados. La Organización Mundial de la Salud lo ha clasificado como probable cancerígeno en humanos.

En cuanto a la repercusión del glifosato en las abejas, un grupo de investigadores estudiaron la respuesta de abejas melíferas expuestas a dosis crónicas y agudas de este herbicida, similares a las que se pueden encontrar en los cultivos tratados. Al igual que con los neonicotinoides, disminuyó la respuesta olfativa de las mismas, su rendimiento en el aprendizaje y su memoria a corto plazo. Este deterioro en sus capacidades cognitivas se puso de manifiesto cuando las abejas rociadas con glifosato tardaban mucho más en regresar a la colmena.

En apenas tres meses, más de 500 millones de abejas fueron encontradas muertas por los apicultores brasileños en 2019. La mayoría de ellas tenía rastros de fipronil, un insecticida prohibido por la Unión Europea.

En Valencia y Murcia, donde es habitual el uso de pesticidas y herbicidas para hacer más competitivos los frutales, se han producido varios episodios de intoxicación masiva de abejas, aun cuando los plaguicidas estaban autorizados.

CONSECUENCIAS PARA LAS ABEJAS

La exposición directa tiene consecuencias letales e instantáneas en las abejas domésticas, mientras que si la contaminación es por consumo de polen y néctar produce diversos efectos subletales aun en dosis mínimas. Entre estos últimos destacan:

- Una disminución de la capacidad de hibernar y alteraciones en la recolección, lo que supone una merma en las reservas de polen y miel dentro del panal.
- Irregularidades en la construcción de algunas áreas de la colmena y aumento del número de celdas de cría vacías.
- Merma en su sentido del olfato, así como en su capacidad de aprendizaje.
- Caída en picado de la cría de reinas.
- Desorientación en el vuelo de regreso a la colmena.

Además, según un estudio publicado en la revista científica *Proceedings of the Royal Society B*, los neonicotinoides también actúan como anticonceptivos sobre los machos, reduciendo en un 39% la cantidad de espermatozoides vivos.Para que la colmena funcione correctamente, debe tener un número mínimo de obreras; si la pérdida de estas trabajadoras es mayor que la ocasionada por factores naturales como la depredación o la vejez, la colonia terminará desapareciendo.

Estos plaguicidas también afectan a las abejas silvestres, no solo por los cultivos tratados, sino porque la aspersión con insecticidas afecta a la vegetación adyacente y a los suelos. Sin embargo, debido a que estas abejas no han sido tan estudiadas como las melíferas, se desconoce realmente el alcance de los efectos adversos de los neonicotinoides en ellas, aunque se considera que son iguales o más intensos.

CAMBIO CLIMÁTICO

El cambio climático es una realidad de la que ya casi nadie duda. El aumento de los gases de efecto invernadero, la deforestación, la destrucción de los ecosistemas marinos y el crecimiento de la población mundial están provocando variaciones en el clima que no se producirían naturalmente.

La deforestación causada por la tala indiscriminada llevada a cabo por las industrias madereras contribuye peligrosamente al cambio climático.

Es cierto que nuestro planeta ha sufrido distintos episodios de calentamiento y enfriamiento, pero estos se han producido a lo largo de miles de años, mientras que ahora, como consecuencia de la actividad humana, estamos alcanzando rápidamente niveles nunca antes conocidos.

Todos estos cambios tienen una notable repercusión en los distintos ecosistemas y, cómo no, en las abejas. El cambio climático produce un desacoplamiento entre el ciclo de vida de estos insectos y las plantas de las que se alimentan. El periodo de floración se adelanta, siendo cada vez más corto y menos intenso, o se suceden episodios de lluvias fuertes y sequías mantenidas durante meses que dan al traste con las fuentes de polen y néctar. Además, en muchas ocasiones las abejas tienen menor disponibilidad de agua. Por otra parte, los fenómenos meteorológicos extremos producen una gran mortalidad entre estos polinizadores. Todo ello aumenta las patologías que sufren las abejas por otros motivos, agravándolas.

Las sequías persistentes y duraderas son una consecuencia directa del cambio climático.

UNA AZAROSA ADAPTACIÓN AL CAMBIO

La revista *Nature Ecology & Evolution* publicó un artículo hace unos años que pone de manifiesto que la mayoría de polinizadores han adelantado casi una semana su periodo de actividad debido al cambio climático; esto es más acusado aún en las poblaciones del sur de Europa. Los datos muestran

Plantas y abejas deben sincronizarse.

que los insectos han anticipado el inicio de su vuelo a un ritmo de 0,1 días por año desde 1960, por lo que en 2016, que fue el último año del estudio, empezaban su temporada 5,8 días antes. Al mismo tiempo, la duración de este periodo de actividad se había acortado en 1,8 días en los 56 años contabilizados. Curiosamente, las especies que se reactivaban más temprano se adelantan aún más que las que emergen en pleno verano u otoño, aunque no se sabe aún si eso favorece su supervivencia. Otro cambio destacado es que parece que se ha producido una desincronización de estos insectos y las plantas, ya que emergen en mayor número al principio de la estación favorable, agolpándose sobre las flores, mientras que durante el resto de la temporada se produce un descenso considerable, dejando sin polinizar muchas de ellas.

LA EXTINCIÓN DE LAS ABEJAS

Un estudio de la Universidad Northwestern de Illinois y el Jardín Botánico de Chicago ha descubierto que el cambio climático puede provocar la extinción local de las abejas que viven en zonas cálidas, como es el caso de España.

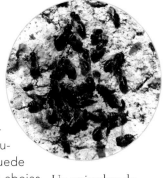

Un enjambre de abejas en el agujero de una pared.

35%
Porcentaje de las abejas que murieron el primer año.

70%
Proporción de abejas muertas el segundo año.

Para analizar el problema, se realizó un experimento con una abeja solitaria norteamericana, *Osmia ribifloris*, de la familia *Megachilidae*, que construye sus nidos en agujeros preexistentes. Durante dos temporadas, los investigadores pintaron de negro algunos de sus nidos para que absorbieran más calor, simulando el clima previsto para 2040. En estos el resultado fue la muerte de un 35% de las abejas durante el primer año y un 70% durante el segundo, mientras que en los nidos que se quedaron intactos la tasa de mortalidad fue solo del 2%. Además, las que anidaban en las cajas más cálidas tenían un tamaño bastante más pequeño que el resto, lo cual es también un problema, ya que un mayor tamaño generalmente significa una mayor capacidad reproductiva.

ESTACIÓN BIOLÓGICA DE DOÑANA

Para el investigador de la Estación Biológica de Doñana (EBD-CSIC) Ignasi Bartomeus, el adelantamiento del vuelo o la floración incrementa el riesgo de sufrir una helada que diezme la población de abejas más adelante. También, desarrollarse a una mayor temperatura implica que el metabolismo de estos insectos va más rápido, consumiendo reservas a una velocidad superior. «Hasta ahora las especies se han ido adaptando porque la vida es muy flexible, pero no sabemos hasta qué punto estos mecanismos de supervivencia podrán funcionar antes de romperse la situación», asegura Bartomeus.

ESPECIES INVASORAS

Una especie se considera invasora cuando se introduce y coloniza un territorio que no es el suyo, amenazando la biodiversidad nativa, ya sea por su comportamiento invasor o por el riesgo de contaminación genética.

Nido de avispón asiático gigante colgando de un árbol.

La propagación de las especies exóticas invasoras se ha visto impulsada por la globalización y el creciente mercado de diversos productos, lo cual ha favorecido que distintas especies se hayan introducido accidentalmente en países de los que no son originarias. Generalmente, las invasoras reúnen unas características comunes que garantizan su éxito: son muy adaptables y se acostumbran pronto al clima de los nuevos territorios, en los que encuentran alimento y refugio para reproducirse y extender sus colonias. Al no ser autóctonas, carecen de enemigos naturales, por lo que sus poblaciones crecen vertiginosamente, mientras que las especies originales se encuentran indefensas, ya que no han podido adaptarse a ellas y crear mecanismos de defensa.

AVISPA ASIÁTICA (*Vespa Velutina*)

Uno de los casos más llamativos de los últimos años es el de la avispa asiática (*Vespa velutina nigrithorax*). Nativa del sureste de Asia, fue detectada por primera vez en 2004 en Burdeos, a donde llegó en un bar-co de carga. Desde entonces, se ha extendido por buena parte de Europa: Francia, España, Portugal, Italia, Reino Unido, Suiza, Bélgica, los Países Bajos y, más recientemente, Alemania. Los expertos estiman que esta avispa avanza en su conquista unos 80 kilómetros al año y parece que el cambio climático favorece su expansión. Los ejemplares adultos se

Nido de *Vespa Velutina*.

alimentan de néctar o frutas, pero las larvas necesitan proteína, por lo que cuando llega el momento de alimentarlas, las obreras se vuelven cazadoras, atacando a las abejas melíferas a las que matan con sus poderosas mandíbulas y trocean para transportar hasta el nido, pudiendo llegar a consumir entre 25 y 50 ejemplares al día. Pero matan muchas más de las que pueden llevar al nido, lo que las diferencia del avispón europeo, (*Vespa crabro*), que también ataca a las abejas aunque solo en la cantidad que necesita para alimentar a su cría. Los nidos de las velutinas pueden alcanzar unos 70-90 centímetros de altura por unos 40 centímetros de diámetro y están hechos de pasta de papel. En su interior, junto a la reina, conviven unos 2000 individuos.

Al implantarse en hábitats nuevos, algunas especies han hibridado con las especies nativas.

AVISPÓN GIGANTE JAPONÉS (*VESPA MANDARINIA JAPONICA*)

A finales de 2019 varios apicultores del estado de Washington detectaron unas avispas muy grandes, nunca vistas antes, rondando sus colmenas. Estos insectos también habían sido observados en Canadá.

Se trata del avispón gigante japonés (*Vespa mandarinia japonica*), de unos 5 centímetros de longitud y casi 8 de envergadura, que lo convierten en el más grande del mundo. Es relativamente abundante en las zonas rurales de Japón, y se cree que llegó a Estados Unidos a bordo de un barco. Es muy voraz, más incluso que su pariente *Vespa velutina*, y se alimenta de otros insectos, entre ellos las abejas melíferas. Pero estos no son los únicos peligros exóticos para las abejas. El tristemente famoso ácaro *Varroa destructor*, también procedente de Asia, ha conseguido distribuirse por todo el mundo, constituyendo una de las mayores amenazas para la apicultura.

OTROS

Por otro lado, el comercio de distintos tipos de abejorros (*Bombus*) para polinizar cultivos en invernaderos, en ocasiones tiene resultados no deseados. Algunas especies importadas consiguen escaparse y asentarse en nuevos hábitats, logrando en algunos casos desplazar a las especies autóctonas o hibridarse con ellas. Por ejemplo, un abejorro exótico puede ser de mayor tamaño y conseguir volar más lejos, por lo que al mezclarse con otro autóctono, daría una mayor ventaja a sus descendientes sobre los abejorros originales que, quizá, acabarían desapareciendo, y con ellos algunas especies de las plantas que polinizan.

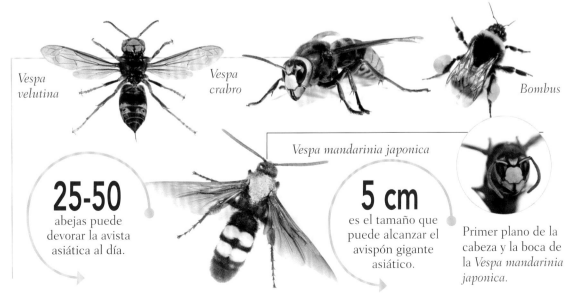

Vespa velutina

Vespa crabro

Bombus

Vespa mandarinia japonica

25-50 abejas puede devorar la avista asiática al día.

5 cm es el tamaño que puede alcanzar el avispón gigante asiático.

Primer plano de la cabeza y la boca de la *Vespa mandarinia japonica*.

SÍNDROME DE COLAPSO DE COLMENAS

Durante los últimos años, la crisis de las abejas se ha convertido en un fenómeno mundial que está repercutiendo de manera negativa tanto sobre la diversidad de las especies vegetales como en el rendimiento de los cultivos, la producción de miel y otros derivados de las abejas.

En la imagen, abejas de miel occidentales o abejas europeas (*Apis mellifera*). Las células de nido de abeja han sido destruidas.

El Síndrome de Colapso de Colmenas, o *Colony Collapse Disorder* (CCD), es un término acuñado por científicos estadounidenses a partir del año 2006, para definir la masiva y misteriosa desaparición de las abejas en su país.

Los apicultores llegaron a registrar pérdidas de entre un 50 % y un 90 % de sus colonias en pocas semanas. El CCD no solo ataca a las melíferas, sino también a abejas silvestres, aunque la falta de estudios al respecto hace que sea imposible cuantificar sus bajas. No se trata de una situación nueva en Estados Unidos, puesto que muchos de estos insectos han muerto en los últimos 70 años de manera similar.

A partir de 2007 se empezaron a observar fenómenos semejantes en diversos países de Europa, como España, Bélgica, Francia, Holanda, Italia, Grecia o Portugal, aunque sin consecuencias tan dramáticas.

Existe en una serie de síntomas comunes en la mayoría de los casos: las colmenas afectadas sufren una pérdida masiva de obreras adultas, que se desvanecen sin dejar rastro, y se constata un exceso de cría. Inexplicablemente, las reservas de miel y polen permanecen intactas, sin que se produzcan pillajes por parte de otras abejas; además, las polillas de la cera (como *Galleria mellonella*) y el pequeño escarabajo de las colmenas (*Aethina*

En la imagen se pueden apreciar los huevos de abejas melíferas en la colmena.

tumida), solo atacan cuando ha transcurrido un tiempo considerable desde la desaparición de las obreras. Se cree que el problema responde a la suma de diversos factores, como parásitos, enfer-

Abejas muertas que no han sobrevivido al invierno en una colmena.

medades, pesticidas y pérdida de hábitat. A ello se suma el intenso movimiento trashumante que sufren las colmenas en Estados Unidos, que las estresa y debilita, aparte de aumentar el contacto entre diversas poblaciones de abejas y la consiguiente transmisión de patógenos. También se ha especulado respecto a la posibilidad de que los cultivos genéticamente modificados pudieran tener su parte de culpa, aunque no está del todo claro.

Otras investigaciones apuntan a la falta de diversidad genética, relacionada con la calidad reproductora de la reina. En Estados Unidos unas pocas

BACTERIAS PARA FORTALECER A LAS ABEJAS

Científicos de la Universidad de Texas han desarrollado unas bacterias genéticamente modificadas para proteger a las abejas melíferas. Dichas bacterias generan los principios activos que las protegen contra el ácaro Varroa y el virus del ala deformada, que se cree que son dos de las causas del colapso de colmenas.

Ácaros Varroa

Las abejas que fueron tratadas aumentaron sus posibilidades de supervivencia en un 36,5 % en el caso del virus y un 70 % en la Varroa.

Ácaro Varroa en larva.

Abejas muertas.

abejas reina se encargan de producir millones de nuevas madres que originarán sus propias colonias. Esta endogamia podría contribuir también a que las abejas sean más débiles y susceptibles a enfermedades.

Soluciones al
DESAFÍO

SOLUCIONES A NIVEL GLOBAL Y PARTICULAR

Ante la creciente desaparición de las abejas y todo lo que su ausencia conlleva, afectando tanto a la biodiversidad como a nuestra alimentación, diversas instituciones e investigadores señalan posibles medidas, a nivel global, que se pueden llevar a cabo para frenar la extinción de estos importantes polinizadores. De ello depende nuestro futuro. Algunas de las soluciones pasan por la implicación de los gobiernos de los distintos países. Aunque ya se han tomado algunas medidas al respecto, aún queda mucho camino por recorrer.

La agricultura debe mejorar el uso de plaguicidas y ser más sostenible en la diversificación de cultivos.

A NIVEL GLOBAL

La agricultura industrial se encuentra en el punto de mira, debido, como ya hemos visto, a las múltiples consecuencias que puede tener sobre las abejas. Sin embargo, aunque es responsable del declive de los polinizadores, en cierta medida también es posible que forme parte de la solución. Para ello, existen una serie de propuestas:

• Mejorar las regulaciones y control en la aplicación de los agroquímicos, promoviendo buenas prácticas que contemplen la actividad diaria de los polinizadores, como reducir las dosis y regular las metodologías de aplicación. Por ejemplo, suprimir la aplicación de plaguicidas en los horarios en los que las abejas están activas, con lo que su mortalidad sería mucho menor. La Organización de las Naciones Unidas para la Alimentación y la Agricultura (FAO) lleva muchos años trabajando para desarrollar un código de conducta mundial sobre la gestión de los plaguicidas, pero aún hay muchos países que no lo siguen.

• Promover el manejo integrado de las plagas, lo que supone el conocimiento sobre los hábitos, ciclos de vida, necesidades y aversiones de los insectos dañinos, tolerando aquellos que sean inofensivos y usando en primer lugar los métodos menos tóxicos.

• Fomentar y financiar el cambio hacia una agricultura sostenible y eliminar las grandes superficies dedicadas al monocultivo. Al mismo tiempo, disminuir el cultivo de transgénicos.

Restringir el uso de herbicidas es recomendable para que las abejas sigan visitando los campos de cultivo.

Las técnicas tradicionales son más respetuosas con el medio ambiente y favorecen un ecosistema sano.

- Desarrollar nuevas técnicas agrícolas que combinen los avances científicos con prácticas tradicionales, como la rotación de cultivos y el barbecho.
- Informar a los agricultores para que reconozcan la contribución agrícola de la polinización y desarrollar incentivos que los ayuden a beneficiarse de los servicios de los ecosistemas en lugar de usar los pesticidas.
- Apoyar la diversificación de cultivos, a través de programas y ayudas.
- Conservar y restaurar una red de hábitats y corredores biológicos entre los que los polinizadores puedan moverse en los entornos agrícolas y urbanos, así como crear áreas de amortiguamiento ecológico entre monocultivos, donde se dejen crecer plantas de manera natural.
- Ayudar a los sistemas de producción agroecológica libre de herbicidas que fomenten el crecimiento de plantas y maleza (fuente de alimentación para las abejas) dentro de los cultivos.
- Impulsar una gobernanza global que permita una actuación coordinada entre distintos sectores y jurisdicciones, y concienciar a la sociedad de la magnitud del problema.

Pero el sector agrícola no es el único que debe tomar medidas. La deforestación es también un asunto muy grave, porque las abejas requieren de los bosques y las selvas, u otro ecosistema natural, para alimentarse y reproducirse; a medida que estos espacios naturales desaparecen y los usos del suelo se transforman en plantaciones o pastos para el ganado, lo hacen los insectos. Algunas actuaciones podrían ayudar a evitarla, como un ordenamiento territorial adecuado para equilibrar los usos de la

tierra, prevenir los incendios forestales (muchos de los cuales son provocados por la mano del hombre, ya sea de manera intencionada o por negligencia), o creando masas forestales autóctonas más estables y diversas, que además favorecen el ciclo del agua.

Prevenir las enfermedades de las abejas melíferas es responsabilidad de los apicultores, que deben evitar importaciones de reinas u otro material biológico que carezca de certificado de salud animal, y no introducir enjambres de origen desconocido. También es importante revisar periódicamente la situación de las colmenas y llevar a cabo los tratamientos sanitarios necesarios.

A nivel urbano, los ayuntamientos pueden poner su granito de arena, manteniendo una diversidad de plantas nativas con flor en los jardines públicos, con especial atención en que la floración de las distintas especies cubra toda la primavera y el verano.

Los parques y jardines urbanos con flores son más atractivos para los insectos polinizadores.

Es cierto que muchas plantas exóticas son bonitas y llamativas, pero no son accesibles para las abejas autóctonas.

Respecto a las especies invasoras, se pueden articular políticas intersectoriales y con otros países de la zona para desincentivar la introducción de especies de polinizadores exóticos que tienen impactos negativos las especies nativas. Junto con ello, se proponen programas de cría para reforzar la resistencia de las abejas ante estas especies foráneas.

Y por último, llevar a cabo medidas contra el cambio climático, como la reducción de emisiones de dióxido de carbono, el ahorro de energía y un consumo sostenible disminuyendo, en la medida de lo posible, el uso de plásticos.

SOLUCIONES

Algunas empresas, conscientes de la situación, están poniendo la ciencia al servicio de la polinización, fortaleciendo el sistema inmunológico de las abejas con el fin de que puedan trabajar a bajas temperaturas, y entrenándolas, mediante un condicionamiento clásico (igual que los famosos perros de Pavlov) para que recuerden un olor y después vayan directamente a visitar las flores que tienen ese mismo aroma, ya que las abejas muestran fidelidad floral, es decir, visitan una misma especie de flor hasta que agotan su néctar. Otras iniciativas recurren a la termoterapia como solución a la Varroa. Este ácaro es muy sensible a las temperaturas altas, e incluso un aumento leve de las mismas impide que se reproduzca. A 38 °C sufre daños irreversibles y a menos de 40 °C, muere, evitándose así el uso de productos químicos para erradicarlo.

A NIVEL PARTICULAR

Aunque es necesario el apoyo de las instituciones para poner freno a la crisis de los polinizadores, a nivel individual podemos realizar varias acciones, algunas muy sencillas y otras que exigen un mayor compromiso, pero todas ellas importantes. A continuación, presentamos una serie de iniciativas para que cada uno de nosotros contribuya, en alguna medida, al bienestar de las abejas.

PLANTA FLORES

Es sencillo facilitar la vida a las abejas colocando en nuestros balcones o ventanas macetas de plantas con flores. Si disponemos de más espacio, podemos instalar un jardín o, si ya lo tenemos, procurar que sea lo más diverso posible. No todas las plantas resultan igual de las exóticas para estos insectos, ya que muchas de las exóticas no les sirven para alimentarse, debido a su tamaño o a la ubicación de sus nectarios. Por eso se recomienda usar plantas nativas o típicas de la región, que produzcan abundante néctar y/o polen; además, están mejor adaptadas a las condiciones climáticas de la zona, por lo que son más fáciles de cultivar. También se debe procurar que haya flores en distintos momentos del año, principalmente desde finales del invierno a principios del otoño, para que tengan recursos mientras el clima permita a las abejas estar activas. No hay que olvidar que las abejas melíferas y los abejorros pueden salir a buscar comida incluso en los días cálidos de invierno.

Aunque la acción de las instituciones es el factor principal en la lucha contra la crisis que sufren los insectos polinizadores, las iniciativas de los particulares también tienen gran importancia.

El agua es fundamental para todos los seres vivos, por lo que no está de más colocar algún recipiente con un poco de agua, para que las abejas se hidraten durante sus viajes de recolección, aunque hay que estar atentos, pues se podrían ahogar. También lo transportan hasta su hogar, con el fin de refrescar el interior.

Plantas melíferas

Como plantas melíferas se conocen todas aquellas especies utilizadas por las abejas para producir miel. Algunos ejemplos son: albahaca (*Ocimum basilicum*), amapola (*Papaver*), anís (*Pimpinella anisum*), borraja (*Borago officinalis*), cilantro (*Coriandrum sativum*), diente de león (*Taraxacum officinale*), girasol (*Helianthus annuus*), lavanda (*Lavandula*), madreselva (*Lonicera*), malva (*Malvaceae*), margaritas (*Bellis perennis*), melisa (*Melissa officinalis*), milenrama (*Achillea millefolium*), orégano (*Origanum vulgare*), romero (*Rosmarinus officinalis*), salvia (*Lamiaceae*), tomillo (*Thymus*), trébol (*Trifolium*), o viborera (*Echium vulgare*).

- Cuando la temperatura de la colmena supera los 35 °C, las abejas melíferas ponen en marcha sus mecanismos de ventilación pues, de lo contrario, las crías podrían morir de calor. Para evitarlo, algunas obreras se colocan en la piquera (puerta) de la colmena y se ponen a batir las alas, creando una corriente de aire hacia el interior, mientras que otras lo hacen en sentido inverso. También existen «obreras aguadoras» que se encargan de recoger el líquido elemento para escupirlo dentro del nido, que se irá enfriando a medida que el agua se evapore.

Si nos encontramos una abeja posada en el suelo y sin fuerzas para volar, podemos ofrecerle un poco de agua, agua azucarada o miel para ayudarla a rehidratarse, coger fuerzas y regresar a la colmena.

Un pequeño depósito de agua en la terraza o el jardín puede ser la salvación de las abejas.

- Según un artículo publicado en la revista científica *Journal of Functional Ecology* y llevado a cabo por la Universidad de Sussex (Reino Unido), la borraja, la lavanda, la mejorana, el alhelí y algunas variedades de dalia son muy atractivas para los insectos polinizadores. Como curiosidad, los investigadores pusieron distintas variedades de lavanda, y se descubrió que los híbridos mejorados, incluyendo algunos con colores nuevos como el blanco o el rosa, fueron incluso más solicitados que las variedades tradicionales.

ALTERNATIVAS A LOS INSECTICIDAS QUÍMICOS

Es fácil que en las plantas de nuestros balcones o jardines aparezcan, además de las abejas, otros visitantes indeseados, como pulgones, araña roja, cochinilla etc., que pueden causar bastantes daños. En ningún caso debemos utilizar pesticidas, pues no solo acabarían con la plaga, sino también con cualquier otro insecto beneficioso. Por ello, proponemos una serie de alternativas ecológicas que, aunque no son tan eficaces como los productos químicos, resultan totalmente respetuosas con el medio ambiente. Como no tienen la misma potencia, la aplicación de estos repelentes orgánicos debe ser mucho más persistente y prolongada en el tiempo, aunque se obtienen buenos resultados.

DECOCCIÓN DE AJO

Una alternativa eficaz para eliminar o repeler tanto el pulgón como algunas orugas que se comen las plantas, es la decocción de ajo. Este popular alimento además es bactericida y fungicida, por lo que también ayuda a prevenir las enfermedades causadas por hongos. Se puede preparar de varias maneras, una de ellas consiste en dejar cuatro dientes de ajo en remojo en un litro de agua durante 24 horas y cocerlo después unos 20 minutos. El resultado se licúa, se cuela y, cuando se enfría, ya está listo para su aplicación. Es preferible rociar las plantas con este producto a primera o última hora del día, ya que se degrada con la temperatura y la luz solar. Se aconseja repetir el tratamiento durante cinco días.

CEBOLLA MACERADA

Este ingrediente se puede utilizar también junto con el ajo en la decocción, o bien dejando macerar durante 24 horas dos cebollas troceadas en un litro de agua hervida. Posteriormente se filtra y se distribuye por toda la planta. Debido a su acción antifúngica, es muy efectiva para eliminar o evitar la aparición de hongos como el mildiu y la roya. Además, tiene acción insecticida y bactericida.

JABÓN POTÁSICO

Es un sistema muy eficaz para mantener a raya al pulgón, la cochinilla, la mosca blanca y la araña roja, entre otros. A diferencia del jabón común, hecho con sodio, el potásico no daña a las plantas ni al medio ambiente, ya que es biodegradable. Otro aspecto interesante es que tiene un efecto limpiador sobre las hojas, lavando los residuos de la melaza que generan los insectos chupadores, lo que evita la aparición de la negrilla (un hongo que se ve como un polvo negro sobre las hojas). El preparado se realiza mezclando 20 mililitros de jabón por cada litro de agua; es conveniente realizar este tratamiento varias veces. Se pulveriza sobre la planta o se puede mojar un algodón y pasarlo sobre las hojas y tallos. Lo ideal es repetirlo entre tres y cuatro veces, dejando una semana de descanso.

ACEITE DE NEEM

El aceite de neem se obtiene de las semillas y frutos del neem (*Azadirachta indica*), un árbol originario de India. Posiblemente sea uno de los mejores insecticidas naturales, ya que interrumpe el desarrollo y propagación de las plagas e impide la proliferación de hongos y bacterias, respetando a la fauna auxiliar y a las abejas. Para tratamientos preventivos se pueden diluir tres mililitros de aceite en un litro de agua y aplicarlo cada dos semanas en el riego. Si ya está presente la plaga, o bien se puede aumentar la frecuencia del riego o diluir hasta cinco mililitros en un litro de agua y aplicarlo sobre la planta. La mezcla mejora su eficiencia si se le añade un poco de jabón potásico.

PURÍN DE ORTIGAS

La ortiga es muy beneficiosa, ya que reduce el impacto de las plagas y estimula el sistema inmunológico de las plantas. La preparación del purín es un poco trabajosa, por lo que también se vende ya listo para usar. Para elaborarlo hay que poner un kilo de ortigas frescas (hojas y tallos), o 200 gramos si son secas, en 10 litros de agua. Se dejarán macerar en un recipiente durante 15 días, removiéndolo a diario. Se aconseja ponerlo a la sombra y en un lugar alejado, pues desprende un olor muy fuerte y desagradable debido a la fermentación. Transcurridas las dos semanas, la mezcla se filtra y se diluye en una proporción de una parte de purín por 50 de agua, para pulverizarlo sobre la planta a tratar. Es uno de los remedios más usados en agricultura ecológica, pues, aparte de prevenir y combatir las plagas, al ser rico en nitrógeno, fortalece a la planta y estimula su crecimiento.

PLANTAS BENEFICIOSAS CONTRA PLAGAS

Otra forma de combatir las plagas consiste en poner determinadas plantas, principalmente aromáticas o con fuerte olor, en el jardín en las macetas. Estas pueden disuadir a los insectos perjudiciales, o bien atraer a otros beneficiosos que depreden sobre los primeros. Algunos ejemplos son menta (*Mentha*), eneldo (*Anethum graveolens*), lavanda (*Lavandula*), melisa (*Melissa officinalis*), caléndula (*Calendula officinalis*), milenrama (*Achillea millefolium*), albahaca (*Ocimum basilicum*), romero (*Rosmarinum officinalis*), tomillo (*Thymus*) o citronela (*Cymbopogon*).

LUCHA BIOLÓGICA

Una alternativa, quizá menos sencilla, es la lucha biológica, que consiste en utilizar insectos y microorganismos beneficiosos para que se alimenten de las plagas, tal y como ocurre en la naturaleza. Las mariquitas son, seguramente, el ejemplo más conocido, ya que se trata de un depredador insaciable de áfidos y cochinillas. Este escarabajo, que tantas simpatías despierta, es muy apreciado por agricultores y jardineros. El motivo es bien sencillo: un ejemplar adulto puede devorar 50 pulgones al día, mientras que una larva come hasta 150. Tanto la mariquita de siete puntos (*Coccinella septempunctata*) como la de dos puntos (*Adalia bipunctata*) se venden comercialmente con este fin, aunque también, si somos extremadamente cuidadosos, podemos cogerlas en el campo y liberarlas en nuestras plantas. Si se encuentran a gusto y tienen comida, seguramente se quedarán.

También son de gran ayuda las mantis (familia Mantidae), unos insectos propios de películas de ciencia ficción, pero absolutamente inofensivos para los seres humanos, pese a las muchas leyendas urbanas que afirman que pueden picar o son venenosos. Este animal, que se camufla a la perfección, espera inmóvil a sus presas, sobre las que se abalanza cuando encuentra la ocasión. Entre otros, se alimenta de pulgones, mosca blanca, mosquitos y sus larvas e incluso saltamontes.

Existen muchos más insectos valiosos para el control de plagas, como los sírfidos (familia *Syrphidae*), cuyas larvas son voraces depredadores de pulgón, mosca blanca, cochinilla y trips, o las bellas crisopas (familia *Chrysopidae*), que en su fase larval ingieren unos 200 insectos a la semana.

HOTELES PARA ABEJAS

Las abejas tienen dos necesidades básicas: comida y refugio. Una vez que hemos plantado las flores necesarias para que estos insectos tengan alimento de la primavera al otoño, podemos proporcionarles un hogar adecuado, principalmente a las abejas solitarias. La mayoría de ellas, entre un 60 % y un 70 %, cava sus nidos, prefiriendo suelos arenosos y secos, sin vegetación y muchas veces en laderas o terraplenes. Así que una forma de atraer a estos polinizadores es dejar en el jardín algunas zonas soleadas de tierra descubierta, donde no se las moleste. Los abejorros también anidan bajo tierra, pero aprovechan las galerías hechas por roedores u otros animales.

Un hotel de insectos para protegerlos de la lluvia y el sol.

El restante 30%-40% está integrado por abejas que anidan en cavidades; suelen usar tallos huecos de plantas o agujeros en la madera. También es posible atraerlas mediante los hoteles de insectos. Son pequeños túneles donde las abejas tienen la posibilidad de construir su nido. Se venden, ya hechos, con distintos diseños, aunque también se pueden fabricar manualmente.

La manera más sencilla consiste en recopilar algunos palos huecos o cañas, atándolos entre sí con una cuerda o alambre, por ejemplo, y colocarlos en un lugar donde las abejas puedan encontrarlos. Los modelos comerciales suelen tener un tejadillo para proteger a sus inquilinas de la lluvia o el sol excesivo, aunque esto no es indispensable.

El bambú es un material ideal por su disponibilidad y durabilidad. Se pueden comprar las cañas y luego cortarlas en la longitud apropiada, aunque también sirve cualquier planta que tenga un tallo hueco.

CONSEJOS GENERALES

El túnel debe estar abierto en un extremo y cerrado en el otro, porque si no la exposición a parásitos y patógenos es mayor. Su profundidad puede oscilar entre los 12 y los 20 centímetros, con un diámetro aproximado de 12 milímetros o inferior. Si hacemos agujeros de diferentes dimensiones, podremos atraer a una mayor diversidad de especies. Obviamente hay que evitar utilizar madera tratada con barnices que pueden resultar tóxicos para estos insectos.

Cabe la posibilidad de pintar las entradas de los nidos de diferentes colores, como azul brillante, porque así resultarán más atractivas para las abejas. También es adecuado colocarlas a cierta altura del suelo para que sean menos accesibles a hormigas o arañas. Es bueno que la orientación sea sureste, con el fin de que reciba el sol de primera hora del día, y no le dé de lleno en las horas más cálidas. Ya solo queda disfrutar de su presencia y su buen trabajo.

APOYO A LA APICULTURA LOCAL

Comprar los productos de la colmena a los apicultores de la zona, en vez de hacerlo en grandes superficies o centros comerciales, es otra buena manera de colaborar con las abejas. La miel de origen local es producida por apicultores cercanos y conserva al máximo todas sus propiedades. Su sabor refleja la flora autóctona de la que se han alimentado las abejas, muy diferente de aquellas de procedencia extranjera. Además, sabemos que es pura y evitamos los riesgos relacionados con la falsificación, el etiquetado incorrecto y la baja calidad del producto.

Colmenas de abejas en una zona montañosa al atardecer.

¿MIEL PURA O ADULTERADA?

Son ampliamente conocidos los efectos positivos que la miel tiene sobre nuestra salud. Desgraciadamente, en el mercado existen mieles adulteradas, muchas de ellas por mezclarlas con soluciones de glucosa y agua; algunas, incluso, están ultra-filtradas. Así lo demostró Vaughn Bryant, director del laboratorio de investigación de palinología (estudio del polen) de la Universidad de Texas. Este científico realizó un análisis en el que evaluó 60 marcas que se comercializan en Estados Unidos, tanto en pequeños comercios como en grandes superficies, restaurantes y farmacias.

Según este estudio, una miel que no contenga polen en su composición no se puede considerar como tal, ya que pierde todas las propiedades nutritivas y saludables. Los resultados de su trabajo permitieron concluir que en los pequeños comercios el 76% de dichos productos no contenía polen, en los grandes almacenes ese porcentaje fue del 77%, y en farmacias y restaurantes de comida se disparaba hasta el máximo posible: un 100%.

Normalmente, los gránulos desaparecen de la miel al llevar a cabo un proceso llamado ultra-filtrado, que consiste en calentar el producto a altísimas temperaturas, pasarlo por filtros muy finos y, finalmente, adulterarlo con agua para conseguir más cantidad. En los filtros se queda el polen y con él muchas de las propiedades nutritivas y curativas que hacen de la miel un potente remedio para alergias, resfriados, heridas o anemias. De esta forma, la miel pasa a ser, simplemente, un edulcorante.

Para diferenciar la miel pura de la adulterada, hay que leer que en sus ingredientes no aparezca escrito «glucosa» o «jarabe de fructosa». Estos son aditivos utilizados con frecuencia para obtener más cantidad de miel y evitar que se solidifique.

Otros trucos caseros para comprobar la calidad de la miel son, en primer lugar, poner una gota de miel sobre el pulgar; si se escurre y cae hacia un lado, la miel no es natural y si se mantiene en su sitio, sí. Añadir una cucharada de miel en un vaso de agua; si se disuelve rápido, es falsa, mientras que si cae al fondo es auténtica. Por último, una señal que no falla, pero que nos llevará un tiempo comprobar, es la de la cristalización. Con el tiempo, la miel verdadera se solidifica y la falsa continuará siendo líquida como el primer día.

PEQUEÑOS GESTOS, GRANDES CAMBIOS

A veces, las acciones individuales que pueden parecernos insignificantes llegan a tener una gran repercusión. El primer paso para proteger algo es conocerlo, por lo que una buena recomendación consiste en investigar y aprender sobre el sorprendente mundo de las abejas. Para ello, además de consultar este u otros libros, se puede asistir a algún Aula Apícola donde, aparte de explicarnos todo sobre estos insectos, podemos verlos en su colmena. Y si ya sabemos suficiente, debemos compartir nuestros conocimientos con cualquier persona que esté interesada.

De nosotros depende el futuro del medio ambiente y de todos los seres vivos. Cuidarlo es responsabilidad de todos.

Cuando nos encontremos en la naturaleza, procuremos no dejar huella de nuestro paso. No produzcamos residuos, pues generalmente estos permanecen mucho tiempo en el medio ambiente, contaminándolo. Una bolsa de plástico tarda unos 150 años en degradarse, y una botella puede permanecer 500 años o más. Sus partículas contaminan el agua y nuestros organismos, así como los de otros seres. El papel no desaparece antes de un año, igual que las colillas de los cigarrillos, mientras que los chicles persisten un tiempo cinco veces mayor, y las latas de refrescos entre 200 y 500 años. Los cristales rotos son peligrosos, porque los animales pueden cortarse con sus afiladas aristas y el efecto lupa provoca incendios. Tengamos en cuenta que el vidrio necesita entre 4000 y 5000 años para degradarse. Mucho cuidado con el fuego. Centenares de colmenas se pierden todos los años debido a los incendios forestales, pero mayor aún es invertir el daño medioambiental que origina el fuego, acabando con la vida de ecosistemas enteros que tardan décadas en recuperarse o ya nunca vuelven a ser como antes.

La próxima vez que veamos unas flores en el campo, antes de arrancarlas, acordémonos de las abejas, aunque sea egoístamente, pues de ellas depende nuestro bienestar. Dejémoslas donde están, disfrutando de su visión y permitiendo que los polinizadores cumplan con su razón de ser para que las plantas puedan reproducirse.

En la medida de lo posible, optemos por el consumo de productos locales o de agricultura ecológica. Esta última está definida por la Comisión Europea como «Un sistema global de gestión de la agricultura y de la producción de alimentos que se caracteriza por la combinación de diversos aspectos: utiliza las mejores prácticas medioambientales, garantiza un alto nivel de biodiversidad, preserva los recursos naturales, aplica altos niveles de bienestar animal y emplea métodos de producción que guardan sintonía con la preferencia de algunos consumidores por los productos que utilizan sustancias y procesos naturales». Algunos de sus beneficios son:

- Conserva la fertilidad de los suelos, ya que restringe el uso de abonos químicos y apuesta por la rotación de cultivos. También utiliza controles ecológicos de plagas y fertilizantes biológicos derivados en gran medida de desechos animales y plantas fijadoras de nitrógeno.

- Protege los hábitats nativos de las abejas, manteniendo un paisaje más variado, con recursos florales continuamente disponibles gracias a que sus cultivos son más variados y a la presencia de plantas espontáneas de las que los polinizadores pueden alimentarse.

- El uso limitado o nulo de herbicidas sintéticos provoca una mayor diversidad y abundancia de maleza que redunda positivamente en nuestras protagonistas, las abejas.

- Los alimentos que produce tienen una mayor calidad nutritiva, debido a que los abonos químicos que se usan tradicionalmente para que la fruta y la verdura crezca más rápido y tenga un aspecto llamativo y reluciente alteran sus propiedades. Por ejemplo, aumentan su cantidad de agua y pierden el sabor original.

En definitiva, cualquier acción que llevemos a cabo para proteger el medio ambiente, repercutirá de forma beneficiosa en las abejas. Un mundo sin ellas no tiene futuro.

TÉRMINOS USUALES

Castas. División de los miembros de la colonia según la función que desempeñan. En las abejas melíferas existen tres tipos de castas: reina, obreras y zánganos.

Celda o **celdilla**. Compartimento de cera hexagonal del panal. Las abejas las utilizan para almacenar miel, polen o criar a otras abejas.

Cleptoparasitismo. Tipo de alimentación que consiste en aprovechar la comida cazada o recolectada por otros animales.

Colmena. Hogar de las abejas.

Corbícula. Modificación de la tibias de las patas posteriores de las abejas formando una canasta para el polen.

Diploides. Individuos que poseen dos juegos de cromosomas.

Domésticas. Abejas que viven en colmenas hechas por el ser humano.

Enjambrar. Acción por la cual un conjunto de abejas y su reina fundan una nueva colmena tras abandonar la que ocupaban hasta ese momento. Es el método natural de propagación de las colonias de abejas melíferas.

Escopa. Penachos de pelos ubicados en las patas posteriores de las abejas, utilizados para el transporte del polen.

Espermateca. Cavidad o saco que sirve para almacenar el esperma (receptáculo seminal) que posee la reina en su abdomen.

Feromona. Mezcla de sustancias químicas producidas por las abejas dentro de la colonia o fuera de ella, que producen cambios en la fisiología y el comportamiento de otras abejas.

Forrajeo. Conductas encaminadas a conseguir alimento, como la búsqueda, exploración, selección y manipulación de comida o sustrato.

Glándula hipofaríngea. Órgano localizado en la cabeza de una abeja obrera que secreta jalea real.

Haploide. Que tiene solo un juego de cromosomas.

Hemolinfa. Líquido interno de los invertebrados, generalmente incoloro, que contiene sustancias nutrientes, aunque no oxígeno.

Melaza. Sustancia dulce y pegajosa excretada por los insectos chupadores, como los pulgones, tras haberse alimentado de la savia de las plantas.

Néctar. Líquido rico en azúcar producido por las plantas. Deriva de la palabra latina *nectar* que significa «bebida de los dioses».

Nodriza. Abeja obrera cuyo papel en la colmena es alimentar a las larvas.

Opérculo. Fina cubierta de cera con la que las abejas melíferas tapan las celdillas una vez que el néctar se ha transformado en miel.

Pan de abeja. Mezcla fermentada de polen, levadura y miel que se utiliza para alimentar a las larvas. Es una poderosa fuente de proteínas.

Panal. Estructura de cera formada por multitud de pequeñas celdillas que las abejas construyen dentro de la colmena para almacenar la miel y el polen, y poner los huevos.

Partenogénesis. Tipo de reproducción sexual que consiste en el desarrollo de una célula reproductora hasta llegar a formarse un nuevo individuo sin que se produzca fecundación.

Pecoreadoras. Abejas obreras generalmente de 21 o más días de edad que trabajan fuera recolectando néctar, polen, agua y propóleo.

Plantas melíferas. Denominación que agrupa a todas aquellas especies vegetales utilizadas por las abejas para la producción de miel.

Pupa. También llamada crisálida. Tercera etapa en el desarrollo de la abeja (tras las fases de huevo y larva) durante la cual se encuentra externamente inactiva y realizando la metamorfosis.

Saco de miel o **buche**. Parte de la anatomía de las abejas obreras que se encuentra situado en la parte posterior del esófago. En él se transporta el néctar. Es un lugar que sirve como punto de almacenamiento temporal de alimento.

Trofalaxia. Mecanismo mediante el cual las abejas se alimentan unas a otras o transfieren feromonas boca a boca.